JN115637

改訂版

電話相談の実際

高塚雄介　福山清蔵　佐藤　誠

双文社

序　文

　『電話相談の実際』が最初に発刊されたのは、21世紀を間もなく迎えようとする1999年である。時代は平成に変わってはいたが、昭和の雰囲気がそこかしこに残されてはいた。しかし、人々の都市集中化と、地方都市の衰退は日ごとに進み、人と人とのつながりも次第に弱まり、誰かに相談したくてもその相手がみつからず悶々としている人が次第に多くなっていった。それを補うものとして役割が期待されたのが電話相談であった。ボランティアによる「いのちの電話」や「心の電話」、さらには当時の国立青少年センターや教育相談所、各自治体などがこぞって電話による相談活動に関わるようになっていた。話し相手がいなくて寂しい、こんなことを誰に相談していいのかわからない、そんな人たちが電話機のダイヤルを回したのである。相談の受け手になりたいといういわゆる篤志家の人たちも多く手を挙げ、さまざまな研修に参加していた。そんな人たちの期待と要望に応える形で『電話相談の実際』が企画・刊行されたのであった。しかし、それからわずか20年経った今日、電話による相談は大きく様変わりをみせている。

　携帯電話が普及し、それがあっという間にスマホに代わり、多くの人々が個人的にそれを所有するようになった。インターネットにより必要な情報が手に入りやすくなり、人と人との会話は、メールを通しての文字や動画によるものが多くなった。公衆電話も少なくなり、家人や知人を避け、受話器の前でかけるかかけないか躊躇している姿をみかけることはなくなってきた。そうした背景が進行する現代社会において、電話相談に対する期待がはたしてあるのかどうかという疑問は私たちにもあった。しかし、電話機というツールに頼らず、心の内を誰かに知ってもら

いたいと思っている人は今でも少なくはない。手段がメールに変わったとしても、コーラーの訴えをしっかりと受け止め適切な回答をすることは、今でも求められていることに違いはない。しかもそれは電話によって声の様子から読み取るよりも一層難しい対応となっていることは間違いない。

　そうした認識を前提としてまとめられたのがこの改訂版である。時代の変化があまりにも早く、私も必ずしも充分には把握できていないことが多い。とすると読んでいただく方にはいささか申し訳ない気もするが、この本はもしかするとあくまで過渡期における提供内容であり、いずれ遠くない時期に抜本的に内容を一新したものをあらためて提供しなくてはならないかもしれない。

　2020 年 12 月

著者を代表して　高塚　雄介

目　次

▶コラム　Column

第 1 章　電話相談の意義と実際

1．電話相談のこれまでとこれから

　電話相談の歴史というのはそう古いものではない。そもそも電話機というものが発明されたのが 1876 年であり、たかだか一世紀半ほどしか経っていない。その電話は発明からわずか 1 年後の 1877 年には早くも日本にもたらされたとされる。まだ有線によるそれはごく限られた範囲で、主として公的機関の間で事務連絡の手段として使われてきた。しかし、その便利さというものに最も着目したのは、どの国においても軍部であったという。またたく間に無線による電話というものが開発され、電話の役割というのは飛躍的に進歩をとげたとされる。今日普及している携帯電話の流れは、その当時からすでに始まったといえる。

　しかし、電話の一般社会への普及はそう進まず、我が国おいてもそれは富裕層や大規模な事業体に置かれはしたが、庶民の手に届くものではなく、一般の市民に急務が生じた場合は頭を下げて借りに行くというのが常であった。

　1964 年の東京オリンピック開催と前後して公衆電話が各地に設置されるようになり、ようやく電話は市民にとって必要なものとなり、高度経済成長とともに一般家庭にも電話機が置かれるようになった。しかしまだ電話で話す内容は家族に聞かれることが当たり前の世の中であり、いわゆるプライバシーであるとか守秘性ということはあまり問題にはならなかった。他人に聞かれて困るようなことは電話では話さないという雰囲気が漂っていたのが、たかだか 50 年前の日本であったといえる。そうした雰囲気を変化させる役割を担ったものの一つが、1971 年に日本にも導入された電話相談であった。これは 1953 年にイギリスに創立

されたサマリタンズと呼ばれる電話相談の流れに始まりがあるとされる。英国国教会の牧師らにより創始されたこの運動は、自分が性病であると誤解した若い女性が自ら命を絶ったことを悼み、二度とそのような悲劇を生まないために正しい認識を育むことを、当時普及し始めた電話を利用して行おうとしたのが始まりであるとされる。かつては戦争に有利となることを目的として、軍部により発展させられた電話が、今度は平和な目的に使われるようになったのである。ただこのいきさつに関しては諸説あり、必ずしもそれだけではないとされる。サマリタンズを始めたチャド・バラーは英国国教会の牧師ではあったが、オックスフォード大学で神学と心理学を修めており、彼は牧師としての立場以上に、心理学の専門家としてかなり以前から性に悩む人々の相談に対応してきたという。今でいうところのメンタルヘルスを目的として、彼は電話相談というものに目をつけたのだとされている。つまり、宗教家としての「隣人愛」に基づく善意の活動とはやや異なっていたというのが、どうも真相のようである。

　日本にこの運動が伝わったのは 1971 年だが、その時には彼の牧師としての面が強調されており、いわば善意に満ちあふれた「隣人愛」からスタートしたような側面が強調されてしまった。それで当時結成された「いのちの電話」の理念に影響と誤解を与えたようである。

２．電話相談の役割
　電話による相談活動というものの意義をどうみるかということは、実はそう簡単なことではない。電話相談が始まった直後というのは、さまざまな誤解も飛び交ったようである。ともすると、面接でやっているのと同じことを、ただ電話機という機械を媒介としてやっているだけのことだと思われがちであった。そのため、医療や福祉、臨床心理などの専門分野に関わる人間が普段やっていることと同じであると思われてしま

い、専門家たちなら誰でも電話相談ができると考えられることも多かった。しかし、実際には専門分野の人ほど電話相談をすることについては、当時は躊躇する人が多かった。当時、ある臨床心理士の指導者の一人は、これはカウンセリングではないといい、精神医療を専門とする医師からは、治療で落ち着いている精神障害の患者さんを動揺させかねない暴挙であるとさえ語る人も存在した。もちろん電話相談の意義を積極的に評価する臨床心理士や医師も決して少なくはなかった。電話相談を最初に始めたのが「いのちの電話」など、非専門家によるボランティア活動であったということから、専門家は電話相談をしようとはしないというように次第に受け手の側もかける側もみなすことが少なくなかった。実情ははたしてどうなのだろうか。

　電話相談というのは、抱えている問題にどう対処するかを具体的に助言するということも大切な役割の一つではあるのだが、「いのちの電話」の多くは電話相談というのは助言をしないということを強調してきた。そのため、問題や不安を抱えて相談を求めてきた人からも、これまで専門的な立場から面接相談に応じてきた人からも、それでは何のための相談なのかという疑問が投げかけられもした。しかし、自分があれこれと詮索されたり、批判されるのが嫌で専門機関であるとか専門家のところには訪ねて行かない、もしくは行けないという、極めて心理的な問題が存在している人たちが実は多いということも事実である。当時は専門家といわれる人ほどそのことを認識していない人が多かった。それは今でもそう変わっていない。電話で相談を受けるという行為は、そうした心理的状態（その中には精神的な健康度＝自我水準も含まれる）に配慮しながら対応しなくてはならないものであり、一部の専門家の中には、そうしたことに理解を持たない素人にまかせることは適切ではない、という危惧の念を持つ人たちが存在していたことも理解しておくことが必要であろう。電話相談が始められた頃は、専門家の対応に対して抵抗感

を抱く人々が多く存在していたのである。

3．今日的な電話相談の難しさ

　社会が変化するにつれて何が好ましく、何が好ましくないかという基準は変わってくる。時代ごとにとらえるのであれば、50年前と今とではその基準は大きく異なっているということは想定できよう。あるいは、地域としてとらえるのであれば日本とアメリカとではかなり違うということも想定できる。しかし、では今という時代に日本という社会に生きている人々が、はたして同じ基準のもとに心が働いているかというと難しい。急激に多文化社会になってきた日本においては、基準というものが人により、地域社会により異なることを知っておく必要がある。教科書的にいうならば普遍的な判断基準というものがあって、相談を受ければそれに基づいた助言がなされるということになるのだが、それでは納得しない人が現代社会にはたくさん存在している。相談に応じる人間もまたその人なりの経験や価値観というものを有している。理屈としてはそうしたものを脇に置いて対応するとはいうものの、まったく自分とは異なる意見や考え方をする人と向き合っていくというのはそんなに簡単なことではない。下手をするとただ相手に迎合するだけのやりとりに終始してしまうことが起きてしまいやすい。

4．電話相談に何を期待するのか

　電話相談というと、コーラー（電話をかけてきた人。カウンセリングでいうクライアントのこと）が自分の話を聴いて欲しくてかけてくると思ってしまいがちだが、話をじっくりと聴いていくとそこにはいろいろな意図が込められていることがわかる。それを分類してみると、

①　情報提供を求めている

　今の時代というのは、巷に情報があふれている。インターネットから

必要な情報を得ることはたやすい。しかし、それらの情報でどれが真に役立つものであるかを判断するのはそんなに簡単ではない。情報が信頼に足るものであるかの判断もつけにくい。ましてインターネットを駆使することが年齢の高い人たちにとっては困難なことも少なくない。そうした人たちにとってはどの情報が信頼でき、役に立つかを教えて欲しいと思い電話をかけてくる可能性は高い。そうした負託に応えるには常に最新の情報を収集しておくことが必要である。特に公的な電話相談機関にはそれが求められてくる。

② 助言・指導をして欲しいもの

電話相談は、助言や指導はしない。先にも述べたように電話相談機関の中にはそう教え込まれるところも多い。確かに助言や指導ということになると、そのエビデンス（根拠）が必要であり、専門性を持たない者が簡単に行うことではない。しかし、「子どもが棒を振り回している。困った、怖い」という相談に対して「困りましたね」「どうしたいですか」と紋切り型の返答をしていたのでは問題がより深刻になる。「すぐ家を離れなさい」「誰かに助けを求めなさい」「警察に連絡をするべき」とはっきりと伝える必要があることも少なくない。それは自殺や虐待といった緊急性の高い相談についても同様であろう。ただ伝え方として相手の人格を否定するものであってはならない。あくまでもそうすることが当事者にとって必要であるということを相手に納得してもらうことが前提でなくてはなるまい。最近の相談は携帯電話を用いてかけてくる場合も多いから、話をつなぎながら、そのことをわかってもらうように話し続けることも大切である。

今の時代は子どもと向き合うことも容易ではない。子どもとはこういうものだ、こういうことを考えていたり行動するものだというように、かつての教育心理学の教科書に書いてあるような認識で子どもたちに接していたのでは、今の子どもたちの心の動きというものはほとんど理解

することはできない。それが子どもをしつけることをためらわせたり、甘やかしたり、逆に厳しくすることで、虐待につながりかねないことも起こしやすい。基本的には、私たちが生活をしている今の社会がどのような文化や価値観のもとで動いているかというコンセンサスがないということをまず考えてみる必要がある。親や大人たちは、今日的な価値観に基づいて行動しているのだから、子どもに対するしつけや教育というものも当然その枠組みの中で行われていると考えたいが、そうではない。そこに虐待を起こすような親も生まれやすい。さらにいうならば学校や教師の指導と、家庭や親たちの方針とが一致しないことも起こりやすい。以前は学校に行ったら先生のいうことをちゃんと聞きなさい、というのが親たちの口癖だったが、今は先生のいうことがおかしいと思ったらはっきりといいなさい、という親もまた少なくない。そこに子どもたちの不登校が生まれやすい下地も作られる。教師の側からすると、学校の方針に異を唱える親は対処の難しいモンスターペアレントなどと呼んで敬遠しやすい。子どもたちの反応もそれに対するものとして生じてくる。そうしたことをきちんと認識しなければ、面接相談であれ電話相談であれ、きちんとした相談対応をすることができない。

　日本ではカウンセリングというものを、どちらかというと単なる聴き方の技術さえ磨けばよいかのように理解している向きが多いが、本当はそうではない。そうしたカウンセリングの技法的な面を身につけることが専門性だと思って、対応している相談活動が少なくない。今はかなり少なくなったが、そのようなカウンセリングの技法（それは一つの考え方に基づく技法にすぎない）を身につけることが大切であると教え込む機関も少なくなかった。今でもカウンセリングの講習としてそれを行っているところがまだある。実は、医療機関などに属する専門家たちの中には、カウンセリングは単なる技術的なものだと誤解している人が、カウンセリングを初期の頃に学んだ人に多くみられる。カウンセリング（し

ばしばそれは相談という言葉に置き換えられて使われている）というものを単にコミュニケーション・スキルのレベルでしかとらえていない。

③　話し相手をして欲しいもの

　電話相談が始まった頃に多かったのがこのタイプである。バブルの進行により地方から東京や大阪などの大都会に移り住んだ人々の中に、都市生活のスタイルになじめず、親しい人もいない人が次第に孤独感にさいなまれることが多くなっていった。この人たちには「いのちの電話」が自分たちの悩みや寂しさを聴いてもらう格好の場になっていった。特にこれといったアドバイスを受けたいのではなく、自分の抱えているつらさであるとか寂しさというものをじっくりと聴いてもらいたいというのが、この人たちの心情であった。初期の頃の電話相談員の研修ではひたすらコーラーの言葉に耳を傾ける、傾聴が大切であることが叩き込まれた所以でもある。しかし、後述するようにカウンセリングというのは人と人との信頼関係をどのようにして成立させられるかが鍵を握っているのであって、ただ傾聴していれば相手の負託に応えているとは本当はいえない。今はそうした寂しさを何とかしたいという思いを抱いているのは、高齢者とりわけ独り暮らしの人たちになりつつある。

④　カタルシスや癒やしを求めるもの

　とてもつらい体験や思いがある場合、それを誰かに慰めてもらいたいという思いは誰にでもある。それも、自分をよく知る知人ではなく、第三者だからこそ打ち明けやすいということがあると考えられる。この場合こそ、あまりいろいろというよりもひたすらコーラーの胸の内に耳を傾けることが大事であろう。

⑤　危機介入が必要となる相談

　最も即時対応が期待されるのが、自殺、虐待、いじめ、家庭内暴力などへの相談対応であろう。この種の相談は相手のいうことをただ傾聴するのではなく、話の内容からその切迫度を判断し、可能な対処方法を助

言することもしなくてはならない。私の知っている事例では、死にたいといって電話をかけてきた人の話し方が次第に重くなりおかしくなってきた。もしかするとこの人は何か薬を飲んだのではないかと思われた時、すかさず「あなたは何か薬を飲みましたか」と尋ね、「すぐに吐き出しなさい」と強くいいながら、必死に相手の身元を把握する手がかりをつかもうとした。相手の電話がどこからかかってきたかを判断し、警察や救命担当者に助成を頼まなくてはならないこともある。危機介入をするためにはいわゆる電話相談が通常原則としていることからはみ出さなければならないことがある。しかし、そのためには普段から通信会社や警察などと連携するためのシステム開発と協議を重ねておく必要がある。私がかつてサマリタンズを訪問した時には、そこには必ず専門家が控えており、緊急性が高いと判断した場合には、精神保健局や警察と連携できるようなシステムが講じられていた。

⑥　**面接相談を可能とするための橋渡し**

　電話で相談をする人たちの中には、本当は面接で相談をしたいのだが、そこへ出向くことが不安で怖いと感じている人たちが少なくない。こういう人たちにはその不安や抵抗感を取り除き、実際に相談に来られるようにアドバイスすることも大切な役割である。

5．電話相談はカウンセリングをすることなのか

　電話相談というのは厳密にいうとカウンセリングをすることとはやや異なるといわざるを得ない。電話相談をテレフォン・カウンセリングと訳している人は多いが、私はやはりカウンセリングという行為とは少し異なると考えている。その理由を述べておきたい。

　心理的なカウンセリングというのは、相手の心の動きや健康度（回復力）を見極めながら対応していく行為である。それを可能とする前提となるのは、相互の信頼感であるといえる。それは継続的なカウンセリ

ング関係があってこそ成り立つものであるといえるだろう。面接相談で
あっても初対面の者同士が、そんなに相手のことを頭から信頼して心を
開くわけではない。クライエントだけではなくカウンセラーもまたそう
である。そのわだかまりが解消されるのは、面接の回数が重ねられるこ
とによっている。さらにまた言葉のやりとりだけではなく、その人の表
情であるとか動作、日常の生活を知ることで補強されていくものである。
しかし電話相談の多くは、声だけを頼りに匿名でやりとりがなされる。
なぜ匿名にしなくてはならないのかというと、それは双方に一抹の不信
感が存在しているからでもある。ただ、名前を明らかにし、継続的に電
話相談を行っているものが病院などにはある。オンライン診療と呼ばれ
るものも増えている。教育相談などでも行われている。この場合は電話
カウンセリングと呼んでもいいのかもしれない。だが、電話相談の多く
は、一回限りで終わるものがほとんどである。一期一会の関係であると
して、それをむしろ推奨されてもきた。相手との言葉のやりとりだけが、
信頼できるという前提で成り立っている。しかし、やや冷たいいい方に
なるかもしれないが、そこに本当の意味での信頼関係（「ラポール」と
呼ぶ）が成立しているとは考えられない。何回もいうが、電話相談を担っ
ている人たちの中にはカウンセリングの技術的側面を勉強した人が少な
くない。特に非専門家が行っている電話相談では、そうした人たちが多
く担っている。しかし、心の微妙な動きであるとか健康度を見極めるの
は、コミュニケーション技術ではない。では、専門機関や専門家と呼ば
れる人たちが行う電話相談はどうなのだろうか。私の知るところでは、
専門的な相談機関で対応している人たちは逆に、電話相談の原則のよう
なものがよくわからないまま対応をしている人が少なくない。その結果、
一方的にああしなさいこうしなさいというように、これが正しいという
ことを押しつけることが起きてしまいやすい。それを素直に受け入れず、
延々と同じ話を繰り返したり、感情をむき出しにしたりするコーラーを

持てあまし、次第に専門家が電話に出ることを避けるようになっていく。コーラー自身も一方的に考え方や価値観を押しつけられたと感じ、専門家が対応する機関を避けるようになっていく。その結果、専門機関でも結局、カウンセリングの技術的なことだけを勉強した非専門家にまかせてしまっているところが少なくない。そのため、電話相談を利用する側からすると、専門機関であろうとなかろうと、どこの電話相談機関に電話してもほとんど同じような対応しかなされていないということになってしまっている。そして、電話という世界が作り上げるファンタジックな世界に翻弄されて、あの電話相談員は声が優しいとか、あそこの電話相談員はつっけんどんだということで、あちこちの電話相談機関を渡り歩くようになっていく。

電話相談員の資質

　相談員の資質が問題になったのは「市民による電話相談」である「いのちの電話」の設立によるところが大きい。その後の 1980 年代に日本では「カウンセリングブーム」が巻き起こり「こころ」に関心が向けられた。専門家による相談から市民相互の「ピアカウンセリング」に関心が向けられてきた状況とも関係している。

　簡略化していえば、誰でも「カウンセリング」を学び、「カウンセラー」になる時代が到来した。同じ職場の仲間同士、障がい者同士などの他、市民が市民を支える活動として、阪神・淡路大震災後のメンタルヘルスへの関心も促進要因であった。近年では「傾聴ボランティア」活動も各地で展開されている。そうなると、誰が相談にのるのか、相談にのるための最低限の資質が気になる。相談員に必要なセンスや知識や技術は何なのかが問われ始めたのである。

　資格を有している臨床心理士は、専門的な知識、技術、倫理に関して長年にわたって必要なことを学習しているので資質は充分だとみなされており、一方で、傾聴ボランティアなどの「市民が相談に応じることや、人の心を聴く際には何が

必要なのか」と問われたのである。次に、資質について一般的にいわれていることをいくつか列挙してみる。

①　誠実であること、相手をリラックスさせることができること。少なくとも人に対して過度の競争心や敵意を持っていないことは大切である。最低限の共感力が求められる。相手の立場を尊重し、気持ちを推し測る力はあらゆる相談に不可欠である。

②　大きすぎる「苦悩や傷つき体験」は、他者と比較して他者の体験が「小さく、軽く」感じられてしまうものである。自分の危機の乗り越えとその過程が評価基準になってしまう。

③　ある程度の被援助経験を有すること。いつでも助ける人であり続けている人は、援助を求める人の羞恥心や劣等意識を味わい損ねてしまう。その意味では「自分の無力さ」「惨めさ」を認めることが求められる。

④　自分がどんな問題にうろたえやすいか、感情移入しやすいか、反抗心を抱きやすいか、どんな人に親近感を抱きやすいか、などを知っておく必要がある。

⑤　感情の浮き沈みが激しい自分の感情のコントロールが難しいことは、一般社会での生活にも支障をきたしやすい。人と調和しにくいことによってストレスを抱えることになる。

⑥　自己肯定感を持っていること。低すぎる自己肯定感は人を敵対者や迫害者としてとらえやすく、反対に過大な人は他者を見下しやすく、うぬぼれてしまいがちになる。

　いずれにしても相手の成功や幸福が認められなくなり、競争や緊張が生まれやすくなる。端的にいえば他人との共存感覚が必要であろう。

第 2 章　自己理解と他者理解の仕方

1．はじめに

　相談活動に限らず、対人援助の活動に関わろうとする時にまず直面させられるのが、自分が相手をしようとしている人をどのようにして受け止め、理解していくかということであろう。

　身近にいる人間の価値観であるとか行動パターンというものは、しばらくつき合っていくと何となくわかってくるものであるが、対人援助活動においては、まったくみず知らずの人と初めて出会うことになるにもかかわらず、短期間のうちにその人との間にかなり親密な関係を作り上げなければならないことが多い。その場合、相手がどのような内的枠組み（価値基準や行動パターンなど）を持っている人なのかがわからなければ、そうした課題を乗り越えることは難しい。しかも、電話相談のように相手が匿名でいることを望み、年齢はもとより、時として男性か女性かも定かではないというような相手と関わらなければならないことがある場合には、戸惑いや不安ばかりが渦巻いてしまい、とても相手の内的な枠組みを理解するところまではたどり着けないということがしばしば起きてくる。そのような時に、できるだけ早く相手を理解したいという気持ちがつのればつのるほど焦りの気持ちもまた強くなり、それがまた不安を呼び起こすといった空回りの状態が出現することになる。カウンセラーや電話相談員が一度は陥る世界であるといえよう。

　だが、身近にいてよくわかっているつもりの人間であっても、目にみえるところでわかる世界というのは、実はその人の人格のほんの一部に過ぎないということも忘れてはならないことである。それに一見固定しているようにみえる相手の価値観や行動パターンというものが、実はこ

ちらの動きであるとか価値意識に合わせてみせているものに過ぎないということもよくある。そうでないとしても、相手によって柔軟に使い分けているということがある。しかし、その柔軟さの幅がどの程度その人にあるのかということになると、本人自身にもよくわかっていないということが多い。まして他人がそう簡単に見極めをつけることは難しい。

　つまり、相手がこちらに合わせる形で、ある面を意図的にみせているだけなのかもしれないし、こちらの動きが相手の中に潜んでいるある面を刺激して触発し、あぶり出してしまっている可能性もある、ということをしっかりと認識しておかなければならない。そう考えていくと、相手を理解しようとする時には、その人の内的枠組みを理解しようとすることはもちろん大切なことであるが、自分の何が相手を刺激し反応を引き出させているのかという点にも目を向けていくことが必要になってくる。

　カウンセラーや電話相談員のように、人が普段は表に出さず心の奥にしまってある世界に介入することの多い立場にある人間には、特にそのことを自覚して人と向き合うことが求められていると思われる。

２．自己をどのようにして知るか

　しかし、自分のどこが相手を触発することになっているのかをつかむということは、なかなか難しい作業でもある。多くの人は、自分のことは自分が一番よく知っていると考えている。確かに、今何を心の中で考え、これから何をしようとしているのか、あるいは過去にどのような体験を持ち、自分の行動や判断の基準がどういうものであるのか、というようなことはその人にしかわからない。ところが、自分の行動の癖や他人に接する時の態度、さらには性格というようなことになると、本当のところは本人が一番わかっていないということが少なくない。冒頭に述べたことといささか矛盾するいい方をすることになるが、むしろ周囲に

いる他人のほうが気がついている場合が多いということもある。

　そう考えてみると、人は時々、他人には自分がどのようにみえているのかということを聞いてみたり、考えてみたりする機会を持つことも大切であるように思われる。ただし、あまり他人が自分をどうみているのかということばかり気にするようになると、それはそれでまた問題である。限りなく対人恐怖症的な世界にのみ込まれていく危険性がある。要は何でもほどほどにということが大切なのだが、そのへんのバランス感覚が保てないタイプの人というのは、対人関係に対して敏感であることを必要とされるような活動には、あまり首を突っ込まないほうがその人自身のためになると私は思っている。自分が相談活動をすることに向いているかどうかという質問を受けることがよくあるが、いくつかのチェックポイントの一つとして、このことをよく指摘している。

　いずれにせよ、自分が知っているはずの自己に対する認識に揺らぎが生じた時、人はさまざまな方法によって未知なる自己の発見と自己理解をすることに努めようとする。性格診断テストを含む各種の心理テストの力を借りてみつけようとすることもあれば、血液型や占いに凝ってみたり、さらには心理学や精神分析の類の本を読みあさることで、今まで気づいていなかった自分を知ろうとする。いわゆる自己啓発セミナーのようなものに参加するのも、その表れということになるのだろう。エンカウンター・グループもそうした役割を担っている。ただし、エンカウンター・グループのファシリテーター（促進者）になる人には、それこそ感受性に富んでいる人であることが求められている。形式的な介入技術しか持たないのでは問題も起こりやすい。

　身近に接している他人のほうが自分が気がついていない面に気がついていることがある、ということを漠然と意識することはあっても、面と向かってそれを指摘されることに対しては、抵抗や不安がつきまとうから嫌だという人も少なくない。自分の信念をきちんと持って主体的な行

動をする、自立した生き方ということと、他人の意見にはあまり耳を貸そうとしない自己完結的世界に陥りやすいことは、実は紙一重のところがある。自立できているということにこだわりを持ちやすい現代人というのは、そうした点で身近にいる他人の言葉に耳を傾けることが苦手になっているのかもしれない。単に主観的にそうみえるだけのことでしかないと、他人の忠告や苦言は一切無視したいとする人が今はかなり増えているように思える。自分のことは自分が一番よく知っているということをことさら強調するのも、そうしたタイプの人たちであるようだ。

　しかし、自分はこれで本当にいいのだろうかという多少の疑問は誰でもが抱くものであろう。もし、そういう気持ちをまったく抱くことがないとすれば、それはそれでかなり問題がある人格といわざるを得ない。自分に対して多少の疑問や不安を意識した時に、抵抗感がなく、なおかつ自分という人間だけが特殊化されるものではない、という安全性を見極めた上で利用してみたいと関心を示すのが、権威ある人が考案し、客観性があるとされる心理テストであるとか、名前を知られた人が主宰する自己啓発セミナーのようなものであるということになっていくのかもしれない。

　最近、書店に行くと一番目につく場所に、かなりのスペースをとって心理学関連のコーナーが設けられている光景をよくみかける。そこにはおびただしい数の心理解説の類の本が所狭しと並べられている。皮肉的にみるならば、そうしたコーナーというのは結局のところ、身近にいる人間の生の言葉を信頼できない人たちをターゲットとしている気がしてならない。同じ現代社会に生きる者として、自分に対する直接的な評価を聞かされて嫌な思いをするよりは、本に書かれた内容と照合することである程度納得するほうを選びたい気持ちが理解できないわけではない。

　しかしあえていうならば、その人の日常行動を身近にみている家族や

友人のちょっとした忠告や助言などのほうが、一般的に書かれた本の内容であるとか、少しばかり触れ合っただけのセミナー参加者の発言や心理テストを通して分析した自分よりも、ずっと確かな重みを持つものであることが少なくないはずである。もちろん、身近であればこそ思い込みがあって、表面的にしかみえていないということもある。しかし、そうではあっても、そのようにみられている自分が存在している、ということに気づかせてくれる何かがそこにはあるはずだ。他人の言葉に耳を傾けることの大切さというのはそういうことなのであろう。

　相手のいうことを100％正しいこととして聴くわけではない。たとえそれがこちらに対する期待や憎しみというバイアスがかかった見方から生まれた指摘であるとしても、そうみえる何かが自分にはあるのだということに気づくきっかけというのは、そうした直接的な言葉を介してでなければ本当はなかなか生まれてこない。安易に心理テストに頼ろうとし、それを頭から信じてしまうようなことは、率直にいうと私はあまりすすめたくない。心理テストがそれほど客観性を有する絶対的なものであるとはいえないということにも注意を払う必要がある。多くの心理テストは、その人の持っている内的世界のある面に焦点を当てて浮き上がらせようとするに過ぎないものである。したがって、心理テストに表れた結果で人のすべてを判断したつもりになると、かえって誤った自己理解や他者理解をしてしまうことになりかねない。

　カウンセラーであるとか電話相談員になろうと志す人が、まず自己理解を図り、さらに他人を理解する手がかりを求めようとすることは大切である。しかし、それをあまりマニュアル的なものに求めることはしないほうがよい。人を支えるよき相談相手になろうとするのであれば、率先して身近にいる人の言葉に耳を傾けられる人間であることをまず心がけることから始めて欲しい。そのことによって、自己を知る手がかりをみつけられるとともに、他者に対する寛容な見方というものもまた培わ

れていくことになるに違いない。

3．相談員にとって必要な自己理解とは何か

　電話相談を行うに際しては、相手の悩みや訴えをよく聴くということが大切なことはいうまでもない。その前提として、まず自分の枠組みを知ることが大切であることはこれまで述べてきた通りである。自己の有する枠組みというのは、自分の考え方であるとか価値観、性格的なものを含む他人に接する際の癖や特徴、感情の処理の仕方といったものが挙げられる。そういったことに気づいているということは、相談員であるなしにかかわらず、人間関係を好ましいものとするために必要なことであろう。相談という行為を通して相手に気づくことを促している以上、こちらも率先して自己への気づきを高める努力をしなくてはならない。相手にばかり気づきを促して、こちら側はまったく自分の枠の固さに気づいていないとするならば、信頼関係の構築にはなかなか至らないと考えられる。

　ところで、相談を受ける側の人間にはこうした気づきに加えて、さらに気づいておかなければならないものがある。それは相談を持ちかける側と受ける側との関係の中で、現に起こっていることを冷静に判断することであり、それを可能にするものが自分に備えられているのかどうかということである。精神科医ハリー・スタック・サリヴァンという人は、「治療的立場にある人は『関与しながら観察する力』を持つことが必要である」ことを指摘している。もちろん、電話相談員の多くは、相談してくる人々に治療者として関わっているわけではない。しかし、心理的な問題に関わる存在であることはまぎれもない事実である。だからこそ、限りなくカウンセラーに近い役割を担う存在としてみなされ、カウンセラーに準じた勉強や研修、さらには自覚を持つことが求められている。サリヴァンの指摘というのは、カウンセラーを含む対人援助に関わる者

すべてに求められる基本的な姿勢の一つであるといって差し支えないだろう。

　もう少しこのことについて付言しておきたい。カウンセリング・マインドと呼ばれるものがある。カウンセリングに関心を持つ者であれば一度は耳にする言葉である。カウンセリング・マインドを持って人に接することが大切であるとされるが、多くの人はこれを優しく受容的な態度を持って人に接することであると理解する。しかしこれは、単に優しさとか受容を意味するだけのものではない。マインドという概念は、もともとメンタリティ（脳の機能）と共通するものであり、とりわけ人間の持つ理性であるとか知性、思考性といったものを意味する言葉である。したがって、カウンセリング・マインドという言葉の意味するところは、カウンセリング的な対応というものが単に情緒的な優しさだけで行えるものではないということを示している。

　人の話を聴いたり相談にのる時には、聴き方であるとか話し方というものを大切にしなければならないとよくいわれている。そのことの大切さは否定しない。しかしともすると、我が国にはそうしたコミュニケーション技法を身につけさえすれば、誰でもカウンセラーになれるかのように思う傾向が強い。カウンセリングの勉強会であるとか研修会というと、コミュニケーション・スキルだけを一生懸命やっている所も少なくない。電話相談員の養成に際してもそうしたスキル・トレーニングに偏りがちなところがある。だが、専門のカウンセラーであれ非専門家としての電話相談員であれ、まず磨いておかなければならないのは、相手との間にどうやって信頼関係を構築していくことができるかという力であるし、相手に対する共感を素直に示せる力であるし、さらに冷静に自分の心をみつめたり、事態に対処していける力であるということになる。それもまた聴き方・話し方のスキル・トレーニングをやっていくうちに獲得されていくといえなくもないが、ともするとパターン化されたり、

マニュアル化されたやりとりが先行してしまいがちになり、サリヴァンの指摘するような「関与しながら観察する」力の意味を理解したり、その力を身につけるにはなかなか至らないと思われる。その力がないために激しい動揺が起きてしまい、相談員にも「癒やし」が必要だといった意見が生まれてくることになるのだろう。

　私は、カウンセラーであるとか相談に応じる側の人間が常にトレーニングしておかなければいけないのは、基本的には次の４点であると考えている。そして、その達成が可能である人が相談に応じる資格を持つことができると考えている。

① **自己表現を高めること**＝相手の心に届く適切な言葉を使える力をつける努力。

② **相手の言語化されない「思いの世界」をキャッチし、受け止める力を持つこと**＝感受性（察する力）をつける努力。

③ **相手との間に相互的信頼感を構築する**＝逃げない、見捨てない、自分の限界を見極める力をつける努力。

④ **混乱や不安に耐える力**＝自律性（葛藤処理能力）を備える努力。

　コミュニケーション・スキルというのは、これらの課題を取り上げる中で具体化されるものであろう。技法的なものというのは、ある程度のやり方さえわかれば、後は自分で工夫していくしかないものである。その人なりの雰囲気がもたらす効果というものも小さくないのであるから、結局のところ、自分らしい言葉の使い方や対処の仕方を身につけていくことが大事であるといえる。再度いうならば、自分の考え方や行動の仕方の特徴、価値観、性格、他人に与える雰囲気、心の状態の安定性などをつぶさに検証し、自己認識を高めていくことこそ最も大切な課題であるということになってくる。

　第８章で述べている「感受性訓練」というのも、そうした自己理解を助け、他者を理解する手段としてしばしば用いられる方法である。この

他に用いられているものを、二つだけ紹介しておきたい。

(1) 質問紙の活用〈エゴグラムにみる自我状態〉

　自分の対人関係の特徴を理解するために用いられる方法として「交流分析」と呼ばれるものがある。これは一般的に TA（Transactional Analysis）と呼ばれている。エリック・バーンによって始められた交流分析の考え方は、①人がどのような自我状態にあるかをみる構造分析、②対人関係の相互交流（「ゲーム」と呼ぶ）のあり方をみるゲーム分析、③幼児期に親から刷り込まれた人生の筋書き（「脚本」と呼ぶ）を分析し、その修正を試みようとする脚本分析、から成り立っている。

　基本となる自我状態の見方としては、自我心理学の観点から、心の状態を P（Parent）、A（Adult）、C（Child）の三つに分類して考察する。

　この際によく用いられるのが、ジョン・M・デュセイが開発したエゴグラムと呼ぶ、心的エネルギーの状態を表したグラフである。このグラフを描く時には P を CP と NP、C を FC と AC とに分類して五つの領域から考察する。それぞれの領域が示す心的状態は次のように概括されている。

　　CP＝ 父性的自我・・・・対人関係における厳しさを示す

　　NP＝ 母性的自我・・・・対人関係における優しさを示す

　　 A ＝ 理性的自我・・・・対人関係における合理的対応を示す

　　FC＝ 幼児的自我・・・・対人関係における自己主張を示す

　　AC＝ 抑制的自我・・・・対人関係における配慮性を示す

　上に示された自我状態から推定される行動、その他のパターンとしてさらに詳しく概要を説明すると、次頁《表1》に示されたような傾向が浮かび上がってくる。

〈表1〉自我状態診断の手がかり

	言語的診断	行動的診断	社会的診断	生活史的診断
CP	●〜すべきである ●〜する義務がある ●〜しなければいけない ●〜してはいけない ●当然でしょう ●だめねえ	●拳で机をたたく ●人を鼻であしらう ●相手をさえぎって、自分の言葉をはさむ ●押しつけ調で話す ●額にしわをよせた厳しい顔つき	●相手の挨拶に応えない ●意見を異にする人を排斥する ●ことさら相手のミスを指摘する ●特別扱いを要求する ●相手の従順さをたたえる	●私の几帳面さは父から受けついだものです ●これは父がよく使った言葉です ●これは私の家のやり方で、変えるつもりはありません
NP	●〜してあげよう ●よくできたよ ●あなたの気持ちはわかるわ ●可哀そうに ●まかせておきなさい ●がんばりましょう	●背中をさする ●手を差しのべる ●気配りがゆきとどく ●抱いてあげる ●握手で相手を迎える ●愛撫する	●相手の世話をやく ●ゆっくり相手の話に耳を傾ける ●泣く相手にティッシュ・ペーパーをさし出す ●相手の面子をつぶさぬ形で忠告する	●頼まれたら断れないのが、私のたちなのです ●私のこんなところは母とよく似ています ●そんなに冷たい態度は私にはとても取れません
A	●誰が？ ●なぜ？ ●いつのことですか？ ●どうやって？ ●〜と思う ●私の意見では〜	●姿勢がよい ●能率的 ●落ち着いた態度 ●論理的 ●言葉が選ばれている ●計算されている	●対等な話し合い ●相手の目をみて冷静に話す ●必要な場合、互いに沈黙して考えをまとめる ●相互の情報の収集	●両親ともほとんど感情的になったことはありません ●母は教師で、理性的でした ●百科事典を読むのが趣味でした
FC	●ワァー、キャー ●好きだ、嫌いよ ●〜が欲しい ●お願い！ ●〜をしたい ●嬉しい！（感嘆詞）	●自由な感情表現 ●よく笑う、ふざける ●明るいユーモア ●自発的、活発 ●のびのびした態度 ●時に空想的	●素直に甘える ●一緒に楽しんでいる ●相手に遠慮せずにものを頼む ●慰めを受けている ●くったくのない関係	●母も私も歌うのが好きで… ●父は欲しいものがあるとどうしても手に入れる人でしたから、私も… ●父には無邪気なところがありまして…
AC	●〜してもいいでしょうか ●〜できません ●だめなんです ●どうせ私なんか ●ちっともわかってくれない ●もういいです	●遠慮がち ●いわゆるイイ子 ●気を使う ●迎合的 ●時に攻撃的、反抗的になる ●過剰な適応	●相手の顔色をうかがう ●意見を述べずに相手に合わせる ●相手の同情を誘う ●すねる、ひがむ、憎むなど、甘えの変形を示す	●長子として、いつもがまんを強いられていました ●反抗などしたことのないイイ子でした ●いつも親の顔色をみて育ちました

心理臨床大事典（培風館）

こうした自我状態を示すエゴグラムを書くために用いられる質問内容としては、たとえば次のようなものがある。このＡ〜Ｅ群に書かれているそれぞれの項目に対して、自分に当てはまると思われるものについては〇を、当てはまらないと思われるものには×を、どちらとも決められないものには△をつけてみる。

[A 群]

1．他人がミスをおかした時は、指摘したり注意するほうである。

2．規則やルールを守ることは当然であると思う。

3．最近の世の中は子どもを甘やかし過ぎていると思う。

4．仕事は最後まできちんとやらなければ気がすまない。

5．時間やお金にルーズな人は嫌いだ。

6．よい・悪いははっきりさせないと気がすまない。

7．自分は責任感が強いほうであると思う。

8．人に対してアドバイスするのが好きである。

9．しっかりしているといわれることがよくある。

10．どちらかというと完全主義的である。

[B 群]

1．道を尋ねられたら相手がわかるまで教えてあげる。

2．頼まれると嫌とはいえないほうである。

3．他人の世話をすることが好きである。

4．家族や友人に贈り物をするのが楽しい。

5．友人などが落ち込んでいると元気づけたくなる。

6．他人の失敗は責めたくない。

7．子どもと遊んだりほめたりするのが好きである。

8．他人の話はよく聴くほうだ。

9．他人を喜ばせるのが好きだ。

10．困っている人には手を貸したい。

[C 群]

1.　衝動買いはせず、じっくりと調べてから購入する。

2.　自分は自分、他人は他人だと思う。

3.　筋道立てて論理的に考えるのが好きである。

4.　感情的になることはほとんどない。

5.　仕事や勉強はてきぱきと片づける。

6.　何かをする時には、結果を予測しながら行うほうである。

7.　自分でよくわからないことは、目上の人たちに相談する。

8.　体の具合が悪い時は、無理をせず休む。

9.　他人からクールな人だといわれることがよくある。

10. 失敗してもくよくよせずに現実的に対処する。

[D 群]

1.　嬉しいことや悲しいことは顔や行動にすぐ出る。

2.　人の前で歌うことが好きだ。

3.　好奇心が強くいろいろなことに手を出す。

4.　ジョークをいったり、人を笑わせるのが好きである。

5.　調子にのりやすいところがある。

6.　欲しい物があると手に入れないといられない。

7.　映画やドラマを観て、怒ったり涙を流したりすることがある。

8.　頭にくることがあると、人と口をきかなくなる。

9.　自分がいいたいことは何でもいう。

10. 他人からどうみられるかということはあまり気にしない。

[E 群]

1.　思っていることがいえず、後から後悔することがよくある。

2.　どちらかというと遠慮がちで消極的になりやすい。

3.　他人の顔色をみて行動するところがある。

4.　周囲のご機嫌をとるようなことをするところがある。

5. 嫌なことを嫌といえないで、抑えてしまうことが多い。

6. 憂鬱な気分や悲しい気持ちになることがよくある。

7. 協調性が高いほうだと思う。

8. 他人からの評価が気になる。

9. 嫌なことがあっても他人の前ではニコニコしているほうだ。

10. 楽しそうにしている人の近くには行きづらい。

　この、A～Eの各群のそれぞれにつけた〇には2点、△には1点、×には0点を与え、各群ごとに合計点数を出してみる。さらに下のグラフのCPのところにA群の点数、NPのところにB群の点数、AのところにC群の点数、FCのところにD群の点数、ACのところにE群の点数を記入してみるとエゴグラムができ上がることになる。

〈エゴグラム記入例〉

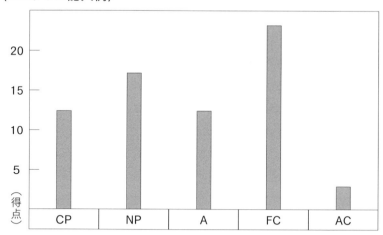

エゴグラム（Dusay,J.M.1977."Egograms"Harper & Row）

　このエゴグラムを他の人とみせ合いながら自分の枠組み（表1を参照）について検討してみる。他人にみせることに躊躇がある場合には無理に

する必要はない。自分の心に傷をつけてまでやるようなことではないからである。ただし、自分の弱点を開示できないという点で、相談を受ける立場の人間としてはかなり限界があることを自覚しなければならないだろう。

　このように、質問紙的なものを介して自己理解をする方法は他にもいろいろとある。『自己をさぐる』（東清和著・千曲秀版社）を読むとそうしたツール（私はそこに紹介しているものを心理テストとは区別してツールと呼んでいる）が紹介されており、手軽な方法として利用できると思われる。

⑵　出会いの体験〈エンカウンター・グループ〉

　エンカウンター・グループというのは、出会いのグループとかふれ合い体験グループと呼ばれている。一般的には C・ロジャーズによって始められたベーシック・エンカウンター・グループのことを指すものと考えられているが、そうした動きの前に K・レヴィンたちを中心に展開されてきた T グループ（Basic Skills Training Group）と呼ばれるグループ体験がある。

　ベーシック・エンカウンター・グループがメンバー相互による自己成長を期待する面が強いのに対して、T グループのほうは一定の目標を達成することのほうに力が注がれており、訓練ないしは教育という色彩が強いグループ体験である。しかし、アプローチの仕方こそ異なっているが、どちらもエンカウンター（出会い）としての要素を持つものであることは間違いない。この場合に出会いとは、参加しているメンバー同士の出会いであるとともに、未知なる自己との出会いという意味もある。

　C・ロジャーズによって考案されたベーシック・エンカウンターのやり方というのは、参加するメンバーが心理的に脅かされることがないということを保証するとともに、"here and now（今、ここで）" を大事に

しながらメンバー間の相互交流を進め、「理性や知性」に偏らず、「感情や情動」を最大限大切にしつつ人格的な関わりを持とうとするものである。自己一致（内的世界に起きていることと、表面に表される態度や感情との不一致を避ける）の態度であるとか、自己開示すること（自分の考えていることや、感じていることを明示できること）の大切さといったことがまず提示される。このグループでは、関わる指導的な立場にある人間を指導者やリーダーと呼ぶことを避けて、ファシリテーターと呼ぶことになっている。できるだけメンバー同士の自発的な動きに重点を置こうとする意図から出たものであり、ファシリテーターという存在すら必要ないとする意見もある。しかし、ファシリテーターという存在には、まぎれもなく「関与しながら観察していく力」が求められている。

　一方的な方向づけをする存在ではないとしても、指導者はいないということをあまりにも強調することに対しては、いささか欺瞞的ではないかという疑問もある。指導的な立場の人間を完全に排除した無構造な集団においては、敏感さや耐性に対するもろさを抱えている人には、かえって心の傷を負いかねない危うさがつきまといやすいものである。グループ体験することが、自己の内面への気づきを伴う自己理解や他者理解へとつながることを期待するのであれば、グループ体験に伴い生ずる負の動きに対して、何らかの指導的配慮をすることも必要となってくると考えられる。最初からそうした危うさを抱えていると思われる人には、ベーシック・エンカウンター・グループへの参加は遠慮してもらうといったルールを課すグループもある。

　電話相談員をトレーニングする際には、「対人関係グループ」というような名称でグループ体験してもらう所が少なくないが、この場合にはいろいろなフィルター（専門家による面接などを通して、自我水準の安定度を把握するなど）を用意し、それを通過した人にだけ参加してもらうことが大切である。しかし、どのようなフィルターを用意しても、危

うさを抱えながらそこを通過してしまう人がいる可能性は否定できない。ベーシック・エンカウンター・グループにおいてファシリテーターの役割を担う人というのは、メンバー一人一人の心の動きに対して相当敏感に注目し、危うさを感じた時にはグループ体験そのものにストップをかける強さを持つ人でなければならないだろう。ただ単にコミュニケーションを活発に促す役割を担うとか、全員が参加できるような配慮をしていけばよいといった役割ではない。いわゆるセルフ・ヘルプ・ケア的なグループとは違う目的と意図を持ったグループ体験学習であることを自覚する必要がある。

　そういったことを考えていくと、構成的エンカウンター・グループとか折衷的エンカウンター・グループと呼ぶ、ある程度構造を明確にさせたグループのほうが、相談員としての資質の向上を目的として行うグループ体験には適しているようにも感じている。課題が設定されることによって、心理的に不安定になりやすい人がある程度ついていくことが可能になる。その人の様子によっては個別の課題を設定することで、全体への波及を防ぐことも可能になるからである。

　構成的エンカウンター・グループの特徴は、ゲームなどを通してある課題を明確にしたり、心理劇やロールプレイ、交流分析などのさまざまな手法を盛り込むことで、より問題への気づきを促進しやすくしている。Ｔグループ的な要素が含まれているといえるが、ベーシック・エンカウンターにある自発性というものを大切にしているという点で、Ｔグループとは一線を画しているといえよう。

第 3 章　コミュニティケアとしての電話相談

1．はじめに

　おそらく我が国における電話相談の始まりは 1971 年の「いのちの電話」からと推定される。1970 年代半ばに「日本相談学会」（現「日本カウンセリング学会」）で「電話相談はカウンセリングか」というシンポジウムが開かれ、初めて学会として電話相談が話題として取り上げられている。当時の相談学会員の大方の見解では「電話相談はカウンセリングではない」とされていた。そののちの 1990 年代には「日本電話相談学会」が設立されている。

　日本相談学会で取り上げられた 20 年後、1995 年の阪神・淡路大震災時には専門家集団である「日本臨床心理士会」が被災者支援のために電話相談を開始している。これが「カウセリング」や「心理療法」として認知されていたのかは不明だが、少なくとも緊急の「臨床心理士」による「心の支援活動」として実施されたことは注目される。

　今日では行政を含めて実に多くの機関が電話相談を運営している。ちなみに、全国の精神保健福祉センターでは「こころの電話相談」窓口が設置されている。市や区の「教育相談」では比較的早くから電話相談に取り組まれてきた。「夏休みの自由研究」から「生活のトラブルなど生活問題」「サラ金の法律相談」「災害時の福祉相談」に至るまで、現在では数えきれないほど官や民で電話相談の窓口が開設されている。とりあえずここでは市民生活に欠かせないものとして電話相談が普及していることにとどめておこう。

　これほどまでに電話相談が広まったのは、それなりの理由が想定される。いくつか挙げてみると、

① サービス内容に関してある程度の知識があればよい。
② 住民サービスの案内や入り口として。
③ 広報は電話番号と、内容の周知でよい。
④ 臨時的、限定的設置が可能。相談場所の地理案内は不要。
⑤ 直接に接しないので相談員の安全が守られる。
⑥ 電話さえ設置すれば安価で開設できる。
⑦ 一カ所に設置すれば全国どこでもつながることができる。

　電話では顔を知られることがないので、人の目を恐れるという心配はない。相談をするのに移動する必要もない。特に相談機関が近くにないもしくは交通の不便な地域では重宝なシステムである。弁護士会が運営する相談ならば、法律家が電話を受けるであろうことは、ある程度利用者に理解され想像もされるように、「不登校」「ひきこもり」「育児困難」「自殺遺族」「被災者」などは、おそらく教育者、臨床心理士、福祉関係者などが電話を受けているだろうと想像できる。行政も含めて電話相談を実施している機関ではそれぞれの得意分野があり、特に行政では県民・市民対象であるとか、災害支援に関する情報であるなど、対象の制限があり得る。

　詳しい情報や的確な助言を求めるのであれば、より専門性の高いところが求められる一方、専門家による相談とは別に、近年「ピア」（仲間、市民、当事者）としてサポートするための電話相談窓口が数多く開設されている。当事者相互支援として同様の経験を有する人が、自分の経験を生かして相談にのるという「ピアサポート」活動として取り組まれている。患者は患者の苦しみ、被災者は被災者の不安や恐怖などをリアルに理解できると想定されている。

2．ピアサポートとしての電話相談

　ちなみに「ピアサポート」＋「電話相談」をキーワードにインターネットで検索してみると google では 219 万件がヒット（2020 年 10 月）。詳しくみると病気の種類ごとに、「癌」「心臓病」「認知症」「視覚・聴覚障害」などがあり、「税」や「相続」といった「法律」や「生活問題」も対象として開設されている。基本的には社会的孤立防止の支援手立てとして体験の共有のために取り組まれている。

　社会には多くの課題や問題があり、人々はそれに苦しんでいる。その苦しみに手を差し伸べようと「電話」を活用しているのである。国や自治体などが主催する自殺予防週間や納税相談など、期間限定的なキャンペーンとしても電話相談は活用されている。

　我が国で電話相談が開始された 1970 年代の人々の生活では、電話は主に「情報の伝達」や「安否確認」として用いられていた。電話をかける世代として高齢者は比較的少なく、30 代が中心。もちろん当時、電話は家族の共用として設置されていたので、リビングがその主な設置場所だった。「公衆電話」は、もちろん駅や公園など公共の場に置かれていた。したがって、内密の情報伝達や、デートの約束などは他人の目や耳を気にしながら行われた。

　電話が共用のものであった時代、長時間の通話は他者の利用を妨げるので、比較的短時間での通話利用が期待されていた。当時の主たる電話の使用目的は「緊急の情報の伝達」であった。1960 年代までは、そもそも家に電話を設置している家庭は希少で（1,000 人当たり 43 台）、家に電話がない人たちの家族への連絡は、電話を設置していた近隣の家を通じてなされていた。つまり、電話は「高価」で「共用」のもので「緊急」のシステムであった。しかも大勢の人がいる中で行われた。それが携帯電話の普及により個人的性格を有するようになり、「緊急の情報伝達」から「情緒的コミュニケーション」の装置として利用されるように

なってきたのである。

　電話相談の利用者は年齢層が上がり、近年では利用の中心世代は 40 代、50 代になっている。1970 年代にほとんどかけてこなかった高齢世代の方は、「電話はおしゃべりする道具ではない」という規範で生活していたと思われるが、携帯電話の普及と個人化に伴って、徐々に電話を感情の交流のために用いているようである。

　男女の別では 1970 年代には女性優位（主流は 30 代の女性）だったが、近年は男性が半数を占めるようになり変化がみられる。もともと、「男は愚痴ってはいけない」「男は人に頼ってはいけない」といわれていた頃からすると随分と男性たちの意識が変化してきている。

　仕事上の出来事から人間関係へ、職場の話題から家族や人生の悩みへと移行してきている。自殺予防の観点からは 40 代、50 代の男性の自殺の多発を考えると、この世代が悩みを訴えることはよいことかもしれない。

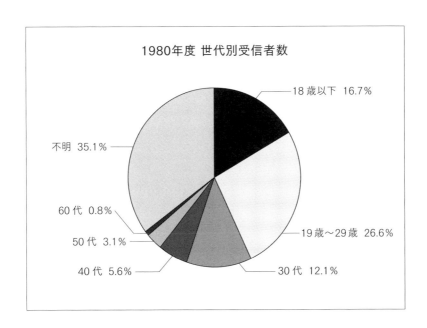

1980年度 世代別受信者数

18 歳以下　16.7%
19 歳〜29 歳　26.6%
30 代　12.1%
40 代　5.6%
50 代　3.1%
60 代　0.8%
不明　35.1%

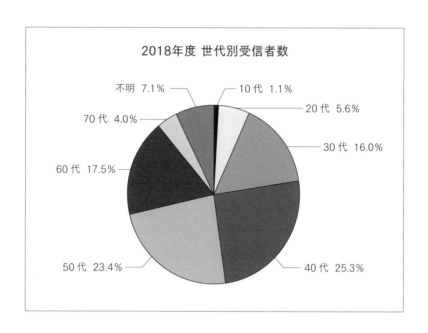

2018年度 世代別受信者数

不明 7.1%
10代 1.1%
20代 5.6%
70代 4.0%
30代 16.0%
60代 17.5%
50代 23.4%
40代 25.3%

3．声から文字へ

　電話は「携帯電話」から「スマートフォン」へとシフトし、中でも 10代から 20代の若い世代からの電話相談は減少している。10代や 20 代では通話利用からメール、そして SNS 利用へと通信形態が変化して いる。

　若い世代は対人交流において過度に傷つきやすく、敏感であるので対 面よりもメールや SNS のほうが用いられやすいようだ。電話よりも匿 名性が高く対人的配慮が強く求められないため、「隠れ蓑」の陰で「自 己満足」「自我拡大」になりやすい。

　電話は「声」を使用しての交流だが、声には体温（温かい、冷たい） と気分（落ち着いた、イライラしたなど）がある。それだけに電話はメー ルや SNS の「文字」よりも「人の感触」が強く感じられる。電話のほ うが対面よりも「攻撃的」になりやすいともいわれ、自己中心的で攻撃

的な媒体として用いられる傾向がある。しかも、匿名であることから 1 日に何度も相談のために電話をかける人や、からかい、脅迫など目的外使用の電話も多くみられるようになった。しかし、それでも孤立している人や排除されている人々との接触は、コミュニティを支える力になっていることを示している。

　電話で相談するということが成り立つには、電話をかけて相談する人がいて、その電話を受ける人がいることが前提である。そして、話を聴き情報や助言を提供しようとするのであれば、ある程度の知識や相談技術が求められる。この相談技術には「知識」や「情報」の他に「共感力」が含まれる。

　近年「傾聴ボランティア活動」が盛んだが、傾聴ボランティアは「高齢者や孤立している人などの悩みや寂しさを抱える人の話を聴くことでつながりを作る活動」として位置づけられ、多くの市民が参加している。傾聴ボランティア活動は訪問など対面で行われるものだが、基本的な対話の姿勢は共通である。つまり、相談をする人は苦痛や悲嘆に関する話を聴くことから、感情の理解と心の通い合いが求められる。

　近年の若者にとって、SNS（インターネットを利用して人々と交流する仕組み）は、電話と異なって自分の好きな時に、相手の都合を考えずにすみ、相手にわずらわされることなく意志や用件を伝えることができる。グループ内での交流も自由だし安価である。遠隔地との通信もお手のもの。海外との通信も簡単である。退屈で陳腐な日常から未知の世界へと誘ってくれる。

　電話相談では、相談の内容や電話の利用の仕方に面接とは異なる点がいくつもある。いたずら、暇つぶし、イライラをぶつけるための利用などがみられる。しかも、1 日に何度も同じ人がかけてきたり、毎日同じ話を繰り返したりという人もいる。対面する面接相談ではほとんど起きないことが電話では起こるのである。

「もしもし、」といったとたんに切られてしまうこともがあれば、その反対に2時間以上も話し合ったのに突然何の前触れもなく切られてしまうこともある。つまり、電話相談は不安定な関係や状況で対話がなされているということを示している。

　話の途中で「お前、面白いやつだな……」と笑い出したり、話の内容に嘘を並べ立てたりすることもある。寝そべったり、食事したりしながらかけてくることもある。このようなことは「携帯電話」が登場してから頻発するようになった。電話が共用のものであった時代にはみられなかったことである。携帯電話の登場で電車のホームやビルの屋上から自殺予告の電話をかけたりすることもできるようになったため、危機一髪ということにもつながる。その意味では携帯電話は場所を制限することなく通話できるようになった。歩きながら電話することもできる。相談の状況はますます不確定な状況に直面するようになってきている。

　それだけに相談員の受ける苦痛は計りしれないのである。相談員のメンタルサポートが求められる。面接の場合にクライエントが1時間ほど座って辛抱して対話しているのと比べると電話では辛抱しない。話し始めてから10分以内に電話を切る人は案外多いので、相談のための枠が設定しにくいのである。面接はその点は明確で、面接の途中で退席する人はほとんどいない。面接の場合には最低限のマナーが働いているのである。

４．精神障がい者と電話相談

　電話相談が開設された1970年頃はまだ精神科病院では外部との連絡が制限されていた。入院病棟では患者さんたちが鍵で管理され、電話は看護ステーションの片隅にあり、外部に連絡することは原則許可制であった。世界的な動向の影響を受けて国は2000年頃から基本方針を変え、それまでの「保護・入院型」から「開放・地域生活支援型」へと移

行。入院も退院も、原則として本人の自由意思を基本にするようになった。それまでのような統合失調症で精神科病院に入院生活 40 年という時代は終わったのである。患者さんたちは病院ではなく、地域で生活することをサポートされる体制になったのである。

　視点を変えると、それまで専門家に毎日囲まれていた生活から地域に放り出されてしまったともいえ、患者さんたちは不安を持てあまし途方に暮れることとなった。不安や焦りは果てることなく内側から湧いてくるが、毎日病院に行くことは抑制されている。デイサービスという場所が設けられたが、地域社会における偏見とサポートの不足は、患者さんたちに孤立をもたらすことになったのである。

　そんな折に彼らがみつけたのが電話相談であった。費用的に安く、毎日かけても、1 日に何回かけてもよい。丁寧に優しく対応してくれて、医師の前にいる患者としてではなく、一人の人として話を聴いてくれる場所を確保したのである。

　この傾向は年々広がり、近年の「いのちの電話」の統計では総件数の 60％以上を精神疾患の人たちが占めるようになった。これは地域のサポート不足を補う力として評価できる。この現象は 24 時間対応の電話相談である「よりそいホットライン」においても同様で、総件数の 6 割には何らかの障害があり、さらにその内の 6 割は精神障がい者とされている。

　電話相談が設立された当初には、こうした人々からの電話はほとんどなかった。話を聴いて、ある程度の時間が経ってから「実は……」と病名を告げられたものだった。近年では開口一番に「私は統合失調症です」「うつ病ですが……」と話し始める。このことはすでに自分に病名がついているということであるから、病院や治療機関にかかっていることを意味し、毎日の生活のつらさや孤独感などについて電話していることがわかる。つまり、ここでは治療を求めているというより、サポートや、

人間としての苦痛への理解を求めているのである。

　こうした人々は自殺の危険性が高いこともあり、どこの機関でも対応に苦慮している。突然感情があふれて、イライラしたり、怒鳴ったり、落ち込んだりと激しく相談員を揺さぶるのである。中には相当に自殺への衝動性が高まっている人もあり、対応を間違えると死に向かわせてしまう可能性がある。

　医師や心理士が対応すれば死への危険性を多少は軽減させることができるかもしれない。しかし、それではいつまでもこの人たちを患者や病人として扱うことから脱却することはできない。専門家は基本的に多くの知識や経験をもとにした技能を持っているが、しかし、そこには相手に対する「驚き」と「尊敬」が不足しがちである。

　北海道の浦河にある「べてるの家」の実践はこのことを物語っている。病気としてではなく、一人の人間の行動や思考の傾向もしくは弱さとしてとらえられている。

　市民の対話は専門家とは反対に不器用で、もたもたしていて、メリハリがないことが多いのだが、「新鮮さ」「対等さ」がある。振り回されやすいけれど親身になってくれる。感情移入しやすく興奮もしやすいのである。専門家の冷静さや穏やかさは大きな支えになるが、多彩に繰り広げられるピアサポートとしての電話相談における市民の親密さや共感は、孤立した人々を社会と結びつける力になる。その意味では電話相談は特別な活動だと考えられる。

5．災害と電話相談

　日本には大きく二種類の電話相談機関がある。一つは情報提供(助言、専門的観点からの指導)タイプで、もう一つは共感・交流タイプである。巷間で「電話カウンセリング」と呼ばれているものは後者に入りそうである。「感情コミュニケーション」を目的として、物を届けるというよ

うな具体的かつ道具的援助はしないし、しにくいのが電話相談である。

　近年の日本では医療、法律、建築、福祉など具体的問題や課題の解決のために電話相談が設置されることは一般的だ。しかし、ただひたすら話を聴いてくれる機関は希少である。どちらをコーラーは求めているのかといえば、実は両方なのだろう。相談員からの一言の指摘や助言が視野を広げる。困り果てている人は道を示して欲しいと願っている。一方では苦しい気持ちのやり場を求めている。

　先に触れたように阪神・淡路大震災時に「日本臨床心理士会」が中心となって、被災者への「メンタルヘルス」として 1995 年に電話相談を開始。阪神・淡路大震災の後に「震災とメンタルヘルス」に関心が寄せられ、災害後の PTSD が注目された。

　さらに、東日本大震災では 2011 年 3 月に専門家集団としての日本精神衛生学会、日本臨床心理士会、東京臨床心理士会、日本電話相談学会の協働で「心の相談緊急電話」が開設され、のべ約 4 万 3 千名が参加している。

　東日本大震災時の「緊急対応としての電話相談」の際の主な活動目的は、

①　被災者の、被災に伴う不安・悩み。
②　救援者・民間ボランティア側の、支援活動に伴う不安・悩み。
③　PTSD防止・対処に関わる啓発。
④　原子力発電所事故に伴う不安・悩み。
⑤　その他、メンタルヘルスに関わる各種相談など。

　となっている。

　日本は絶えず災害に見舞われるので「危機対応」として人々のかたわらに寄り添おうとしてきた。あらゆる援助は、相談する人が抱える感情に目を向け、共感的に理解することから始まる。災害支援は災害直後から生活の安定回復まで継続される必要があり、可能な限り早期にサポー

トされることは大切である。しかし、災害の初期には外出や移動に困難な状況が多発する。その点では電話相談は電話番号さえ知っていれば移動することなく SOS（援助要請）を発することができるのである。

　電話での治療は困難であっても生活のバランスを支えることは可能である。これが「危機介入」の基本コンセプトである。ともかく悲しみや苦しみといった感情を大切に抱き締めてくれる人や場所が必要であり、これを居ながらにして早期に成し得るのが電話相談なのである。

　継続的支援が困難であっても緊急時に側に寄り添うことで励ます。このような取り組みは、「コミュニティ」がどのような課題と段階にあるのかを把握することができると同時に、コミュニティに対する支援を提示していることが理解されるのである。

　コミュニティは多くの問題を抱えており、災害、犯罪被害者、交通事故、さまざまな病や差別など、それぞれに取り組まれている。障がい者支援や災害支援にみられるように、その多くはコミュニティの成員に向けたコミュニティの人々からの支援として成り立っている。

　電話相談が広がりをみせればみせるほど、それぞれは「対象」「内容」「継続」「使命」などについて基本方針を明確にしておくことが求められている。

Column

ピアサポートと電話相談

　一般に「相談」は年長者が目下の者に対して、あるいは経験や知識を持つ人が持たない人に対して行うものと考えられてきた。大人が子どもに対するように社会的に上位の者から下位の者に向かって行われてきた。

　近年はあらゆるところで電話相談に取り組んでいるが、中でも、「相談関係の対等性」を基軸とした「当事者同士の支え合い」としての電話相談に関心が広げられつつある。伴侶を亡くした人々が自身の死別の悲しみに向き合う中から、伴侶の死別に苦しんでいる人を支えるために電話相談に応じている。同じように「子宮」の切除を経験した女性たちが、その悲しみや苦痛、排除や誤解の中にいる女性たちを支えるために電話相談に取り組んでいる。

　ピアカウンセリングという思想は 1970 年代の障がい者の「自立生活運動」に始まる。それまでの「助けてもらう人」や「庇護のもとで生きる人」から抜け出して自力で地域生活を選ぶ過程から生まれている。そこには差別され、人々から排除されてきた怒りや悲しみの歴史がある。こうした悲しみや怒りを相互に聴き合い、理解し合い、支え合うという思想である。

そこでは「当事者性」が重要なカギを握っている。「同じ苦しみ」「同じ悲しみ」「同じ体験」を基盤として成立している。

こうした困難を抱える人たちは、声を上げにくい。どこに救いがあるのかがみえにくい。したがって孤立しやすく、支えがみつからない中で生活することになる。電話相談は１カ所に設置すれば、全国どこからでもつながり、利用できる、自分の好きな時間に移動しないで利用することができる。それどころか、否定され、排除された哀しみを共有してくれるところが存在するというだけでも勇気づけられる。小さな部屋が一つあれば、そしてそこに電話機と人が設置されれば直ちに支援が開始されるのである。こうして国や自治体をはじめとして民間にも電話相談機関が林立することになった。

電話相談は三つに分類される。一つ目は専門的知見に基づき助言の提供を目的とする。法律相談、消費生活相談、医療相談などが含まれる。二つ目は生活上の情報提供を目的とする。行事の案内、適切な機関の紹介、病気・病院の情報など多岐にわたっている。三つ目が感情の交流とサポートである。共感や受容が柱となっている。いわゆるピアカウンセリングもここに入る。これは正しい知識や選択を促すというよりも、自分の力で判断できるように支える活動でもある。感情の交流とサポートとしての電話相談は本当に少なく、ＤＶの加害者、自殺念慮者、犯罪被害者など社会からの無理解や無関心など、人々にみえ隠れしている問題へのアプローチは価値がある。

第4章 増える難しい電話相談

1．子どもたちの相談

　以前の電話相談にはかなり子どもたちや若い人たちからの相談があった。最近はいじめの問題やいじめを苦に自殺する子どもたちが多くなってきたことから、そんな時はここに相談するようにと電話相談機関のリストを印刷したカードを教育委員会などが子どもたちに配る所も少なくない。しかし、残念ながら配られた直後には多くのいたずら電話が殺到し、その真偽を見極めるのに多くの相談員は苦労させられている。多くは複数の子どもが電話に聞き耳を立てている。

　以前によくあった電話相談の内容は、次のようなものである。

① **人間関係の悩み**…友達とのつき合い方や、トラブルに関する悩み。そこからいじめ・不登校などの苦しみも露呈していく。

　具体的な相談として多かったのは、

② **家族状況・親子関係の悩み**…父親、母親、兄弟姉妹に対する不満など。特に親が一方的に価値観を押しつけてくる、こちらの話を聴いてくれない、冷たいなどというもので、家庭内暴力などが語られることもある。

　この①②の二つは、かなり早い段階から（幼稚園・保育園段階から）顕在化している。そして年齢が進むにつれて、

③ **学業に関する悩み**…成績が振るわない、学校がつまらない、教師が嫌い。

④ **異性交友、性に関する悩み。**

⑤ **自分の性格、能力、適性などに関する悩み。**

などが現れてくる。

時代の移り変わりとともに、親からの虐待であるとか、ストーカーされている、レイプされたというような相談も増えていった。さらに、過食が止まらない、リストカットを繰り返している、死にたいなどという病理性を帯びた訴えも多くなった。

2．自律性と二者関係が育まれていない子どもたち

　このような子どもたちからの電話相談の多くはチャイルドラインであるとか、教育相談、児童福祉関係の機関が設置する電話相談が対応するようになってきている。ただその対象はほとんど高校生の年代までである。

　面接相談をしていてしばしば感じさせられるのは、今の子どもたちの問題の背景には、二つの問題があると思われることだ。

　その一つは自律性が育てられていないということである。「自律」は「自立」の前提となるものであり、その獲得には二つのステップがある。一つは身体感覚・皮膚感覚の自律である。これまではいわゆるトイレット・トレーニングがその課題を乗り越える重要な機会であると考えられていた。おむつをされて、排泄したものは周囲の大人によりぬぐわれていたのが、自分でトイレに行き、排泄物や汚れた衣服を着替えるという一連の動作を身につけることにより、身体感覚に生じた不快感（排泄をもよおす）を自力で取り除き、不快でない状態に持っていく、これが身体感覚の自律ということなのである。その次に乗り越えなければならないのが、精神面での自律である。トイレット・トレーニングを終えた子どもたちは、次に大人たちの周りにまとわりつき、いろいろなことについて聞きたがる。あれなあに、それどういうこと、これはどうしたらいいの、あっちとこっちでどう違うの…。これは、まだ判断の基準を持たない子どもたちが一生懸命、その基準をみつけようとする気持ちの表れであると考えられる。

　ところが今の親たちは忙しくてあまりわずらわされたくないと考える人が増えている。その上、そうしたことに応えることは子どもの自立を妨げると単純に信じている親も多くいる。そのため、子どもの質問に対して明確には答えず、「後でね」とか「自分で考えなさい」といって、はぐらかしてしまうということが多くなっている。トイレット・トレーニングにしても、早く早くと急きたてていく。昔からトイレット・トレーニングを急がせ過ぎると強迫的な性格がもたらされやすいと指摘されている。結果的に子どもたちは明確な判断基準を持たないまま右往左往することが多くなっていく。つまり、身体的にも精神的にも中途半端な自律しか育まれていない。そうした子どもたちがやがて周囲から自立することを求められるようになると、不安を募らせていく。自己決定であるとか自己責任という言葉に恐怖を感じて次第にドロップアウトしていく。それが今問題になっている「ひきこもり」の増加へとつながっていく。

　子どもたちの電話相談を受けていても面接相談と同じように、自律性が獲得されず、年齢が高くなるにつれ周囲の大人たちから自立を求められ、不安と不満、戸惑いを抱いていることを感じさせられることが多い。大人たちは自己責任をとれるようになることを子どもたちが受け入れることが当然のように考えるが、今の子どもたちの多くはこの自己責任という言葉におののいている者が多い。前提となる自律性（葛藤処理能力といってもよいだろう）が蓄えられていない。やがて自己責任を取らないですむためには自己決定をしなければいいと短絡的に考えてしまう。そこにひきこもり化しやすい心性がもたらされる。

　なぜ自律性が育たないのだろうか。そこには極めて複雑な問題がからんでくる。「自分の好きなことをやればいい」「やりたくないことを無理してやらなくていい」現代社会はできるだけ抑圧することをしない生き方を奨励する。その考え方はおそらく間違ってはいない。しかし、子ど

もたちに刷り込まれるそうした考え方は一方において葛藤をもたらすことを事前に避けさせてしまう。そうした状況からすると子どもたちの電話相談には、教育をし直す役割が次第に課せられつつあると感じさせられることが多い。

３．病気のせいにしたがる親たち

　もう一つ、子どもの問題を抱える親たちの、最近の傾向に時々戸惑いを感じさせられることがある。それは、問題行動を引き起こす原因として、やたらに病気のせいだといって欲しい親たちが増えてきていることである。病気ならば仕方がないという思いと同時に親の育て方の責任ではないということからホッとするようである。確かに以前は何かというと家庭が悪い、親の責任というようにスケープゴート的に親たちを追い詰めてしまい、それがかえって問題解決の手がかりをみつけにくくさせていたことからすると、親の気持ちを楽にすることの意味は小さくない。しかし、楽になるだけではなく、自分たちの責任ではないということから、親としての行動が薄くなっていくケースも少なくない。以前は、親がかけてくる子どもについての電話相談では、一度お医者さんに診てもらったほうがいいと思うなどと口にすると、うちの子は病気だというのですかとお叱りを受けることが多かった時代とは大きく変わっている。むしろ何かいい薬はないでしょうかと尋ねてくる親が多い。ただたとえ病気であったとしても、病気を克服するには親のかなりのエネルギーが必要なはずなのに、まるで免罪符をもらったように、後は医者やカウンセラーにまかせてしまう親が増えている気がする。

　こうした人たちとこれまでとは違う工夫や配慮をしながらつき合っているのが電話相談の今日なのである。

4．虐待をしつけであると思っている親

　最近増えているのが虐待に関する相談である。虐待を受けている当事者からの相談はまだ少ないのだが、小学校 4 年生くらいになると何が虐待にあたるのかということが何となくわかるようになり、今自分が受けている仕打ちが虐待ではないかと感じ始めるようになる。そうした子どもたちの中には学校などで配布される電話相談カードなどを頼りに電話をかけてくるケースが少しずつ表れてきた。子どもたちはその場合に虐待という言葉は使わない。「お父さんからよくたたかれる」とか「ご飯を食べさせてくれない」とか「外に遊びに行こうとすると叱られる」など、一見すると少ししつけが厳しいのかなと思われる内容を訴えてくる。そのような相談を受けた場合は、できるだけどのような状況でそれが行われているかを聴くことが大事である。虐待と思われる事実を見聞きした場合は法的には誰でも速やかに児童相談所などの公的機関へ通告する義務を負っている。ただ「それは虐待にあたる」などと子どもに伝えたりはしないで、まず学校の先生や交番のお巡りさんにそのことを相談してみてごらんと伝え、その上で電話をかけてきた子どもの通っている学校の名前や学年を聞き出すように努める。もちろん名前が聞き出せるに越したことはないが、無理に聞き出す必要はない。その上で所管する児童相談所に通告するといいだろう。これは守秘義務に反する行為であるとして躊躇するかもしれないが、国民に法的に義務づけられていることであると認識しなければなるまい。

　母親または父親から他方の親が虐待していることを相談されることは比較的多い。この場合は、やはりじっくりと話を聞き、公的機関に相談するように強く伝えたほうがよい。躊躇された場合は、電話相談のことは伏せてあなたから聞いたということにはしないが、公的機関に通告することを了解してもらうように努める。虐待する親は総じてしつけをしていると認識している者が多いが、子ども本人がそのことにより苦痛を

感じているとしたら、それはしつけの範囲を逸脱していることを納得してもらうことが大事である。

5．増える隣人とのトラブル

　隣人とのトラブルを訴えてくる相談も最近増えている。隣の家や二階の物音や音声がうるさい、隣の家の植木の枝が私の家にはみ出している、落ち葉が私の家の庭に積もる、ごみの出し方を守らない。さらには近くの学校や保育園などの遊び声がやかましいというのもある。昔のように向こう三軒お互い様という感覚は薄らぎ、個人としての価値観や生き方を邪魔されたくはないという、これも現代社会が求めている価値観に立った訴えである。もちろん指摘される側に非があれば正してもらうしかないが、社会が共有している価値観が前提であれば、それを社会病理的な現象としてすませることはできない。当事者たちが一堂に会し、どうすればよいかという話し合いの場の設定を促すしかない。

　地域社会の連帯という発想がなくなりつつある現代において、その復活をめざしていくしかないだろう。非難されている相手方を悪いと決めつけるだけでは、問題は解決しないことに気がついてもらうことが大事である。とはいっても相手の側にかなりの非が認められるケースがあることも事実である。その場合は各自治体が持っている相談窓口に相談することをすすめるしかない。法律や条例の定めに従って対策を講じることもある。電話での相談だけで解決策を講じようとはしないほうがよい。当事者同士ではさらにこじれかねない問題は、第三者を介在させるのがよいと考えられる。

　公的機関が開設する電話相談は最も適切な部署を介入させようとするが、私的な電話相談はどうしてもその訴えを聞くだけに終わってしまいやすい。その点が信頼される電話相談になりにくいという杞憂が実はある。もっとも公的相談機関のすべてが、各部署の理解と協力の体制を講

じることができるとは残念ながらいえない。余計な仕事をもたらしてくれることはするなと思っている部署の意識が変わらないと、事を解決するのは難しい。

Column

電話相談と共感

　電話相談は顔を合わせない対話の方法である。したがって「視覚や嗅覚など、聴覚以外の情報が得られない」ことになる。私たちは情報の7〜8割を視覚から得ている。相手の風貌、身なり、表情などの他に本、カバンなどの所持品などからさまざまな判断をしているのである。その人の人となりの大部分を視覚情報から得ていることになる。

　その反対に電話では一切の視覚情報が手に入らない。声のみでやりとりされる。声はその人の「体温」と「気分」を伝える。「温かい声」「冷たい声」「落ち込んでいる声」「華やいだ声」など、「声」で「感情」を伝えている。声は人を包み込む力がある。何よりも共感を伝える力がある。相手がみえなくても、いや、みえないから伝わるのである。

　感情を伝える際、対面の場合には「表情」「態度」で感情を伝えるが、電話では「声」で感情を伝えるのである。ラジオのアナウンサーは「声で語る」のだが、その声に「ファン」も生まれるという。声は人格を想像する際の有力な情報でもある。「声優」はその声でさまざまな人生を表現する。表情をみることができないから互いに集中して声に聴き入る。そ

うすることでみかけや他の情報に邪魔されずに相手の気持ち
にダイレクトに触れることができる。電話は口から耳元への
直接的な伝達手段なので相互の親密さを作り出すことに貢献
する。

　「共感」は臨床心理学、社会福祉学をはじめとしてあらゆ
る援助関係の基本とされている。人は人から共感してもらう
ことによって、人とつながることができ、孤独から解放され
る。電話で「共感」を伝えることは可能なのか。声だけでは
深い共感には至らないのかとの疑問に対して、これまでの電
話相談の経験から、充分に共感的関係を構築することができ
るといえる。コーラーの語りに耳を傾け、丁寧に感情に寄り
添いながら対話していくことが可能である。

　しかし、電話では共感しにくいこともあることに留意する
必要がある。犯罪、自殺などのような価値観的に受け入れら
れなさを感じる時がそうである。攻撃、恫喝などのような相
談員が心身ともに追い詰められる時にも困難さを伴う。

　相談員はコーラーの揺れ動く感情、行きつ戻りつ何度も往
復する感情に寄り添うことを通して共感を届けることができ
る。共感は感情を理解し共有する関わりの過程である。コー
ラーの感情の理解を深めようとする姿勢そのものがコーラー
に伝わる。

　時として、自分が経験したことのない、想像もつかないよ
うな話に出合う。それに謙虚に向き合い、軽んじたり決めつ
けたりすることなく、丁寧に共感的に接していくことこそ電
話相談員に求められる姿勢であろう。

第 5 章　頻回通話者

1．はじめに

　頻回通話者とは、頻繁に電話をかけてくる人をいう。このような人と、継続的に治療を受けている人とはどこが違うのであろうか。身体的病気であれ、精神的病気であれ、あるいは心身の不調であれ、慢性疾患ではなくとも一回の面接や治療で回復することはほとんどない。多くの場合、数回あるいは数十回、時には数年にわたって治療が続けられる。しかし、このような場合に頻回受診者とか常習来院者とはいわない。

　頻回通話者とは、単に頻繁に電話をかけてくる人と定義づけるのは誤りということになる。そこには電話をかけてくる回数の問題ではなく、話の内容が問題となる。すなわち、一人では解決できないような問題が急速に変化している場合には、1日に何度も電話で相談をしたくなるであろう。このような場合は、頻回通話者とはいわない。通話内容が、性的色彩の濃厚なものであったり、性的描写があまりにも具体的であったり、相談内容が事実とはとても思えないものであったり、その問題を本当に解決しようという意欲が認められない場合で、しかも執拗に何度も電話をかけてくる場合を、頻回通話者・常習通話者と呼ぶのである。

2．頻回通話者を作りやすい電話相談

　電話相談の最大の利点はコーラーの匿名性にある。たとえ「住所・氏名・所属などをいってから話してください」といっても、話されたことが本当か嘘かを確かめてから相談に入るということはない。このことは、対人関係を持つことがあまり上手でない人や、精神的病気のために一時的にせよ顔を突き合わせての会話ができにくい状態にある人にとって、他

者と関わる大変便利な方法である。しかも、受話器はお互いの口と耳の
そばに位置している。それは、物理的には遠い場所であっても、心理的
には極めて近い位置関係で会話ができることである。また、お互いにみ
えない状態で話し合うのであるから、話しながら相手をいろいろ想像し
ながら会話をすることでもある。

　相談員は女性が多いし、受容的に、一生懸命に聴く訓練を積んでいる。
そうすると、日常的に対人関係に不安・不満を持っている人は、心が満
たされた思いを持つのは当然であろう。そして、ますます心の内面・普
通ならば口にするのもはばかられるような話題を次々に持ち出しやすく
する。コーラーに対して単に問題解決の方法を教えるというよりは、電
話相談の目指している援助活動に合致しているといえるこの大切な機能
は、ともするとコーラーと相談員側の相互に、誤解・思い込み・思い過
ごしを生むことになりかねない。コーラーにとっては疑似恋愛感情の発
生を生み、相談員にとっては相談という役割を越えて入り込まれるとい
う嫌悪感が生ずるであろう。

　このような流れの中に、頻回通話者を生み出す一つの要因が潜んでい
ると思われる。コーラーに生ずる過度の甘えや依存感情・疑似恋愛感情
などは妄想といってもよいであろう。すなわち、あれこれと想像したこ
とを事実であるかのように、かたくなに信じてしまう心的傾向である。
また、相談員の心の中に生じてくるコーラーに対する否定的感情は、逆
転移・対抗感情転移ということができる。すなわち、コーラーによって
引き起こされた相談員の拒否的感情状態である。これは意識的に対処で
きなければならず、訓練の中で教育分析を受けておくか、自己理解を深
めておくか、あるいは逆転移が発生した時にスーパーバイザーに指導し
てもらうかを考えておく必要がある。その他、テレクラとの混同と思わ
れる性的内容の電話を常習的にかけてくる場合があるが、これについて
は第 6 章の「電話相談と性」で詳し述べている。

３．頻回通話者の心理

　一般的に人の行動を理解しようとする時、ある行動の背景にはそうしなければならない必然性があると考えるべきである。そうすると、常習的に頻回に電話をかけてくる人にも、そうしなければならない必然性があると考えられる。そこで頻回通話者の心理について考えてみよう。

① 　自分一人では処理できない問題が発生し、しかもそれが急速に変化している場合には、事態が変わるたびに電話をかけたくなる。そして電話をかけるたびによい対応をしてもらえると、自分自身で処理できる段階になっても相変わらず相談してくる。これは電話依存者である。

② 　表面的な社会生活はできていても、個人的なつき合いのない（できない）人の場合には、一対一の会話を求めて電話をかけてくる。これは、問題解決は二の次で、相談員との会話を長引かせ楽しんでいるともいえる。

③ 　表面的には常識家で、人づき合いも上手である。しかし、真実の自分の感情を表現することが苦手な（できない）ためにいつも欲求不満に陥っている人がいる。このような人は、電話という自分をみせないですむ方法でたまった感情を吐き出そうとする。この場合は、極めて激しい口調で自己表現をするであろう。

④ 　普通の社会生活ができずに家に閉じこもっている独り暮らしの人は、テレビなどではない生の人の声が聴きたい・他者と会話をしたいと願い、電話をかけてくる。「今日はまだ誰とも口をきいていません、寂しい！」などという。

⑤ 　専門の治療機関に通っている人が、通院と通院の間の日に生じた不安を和らげる目的で電話をかけてくる。患者さんにとって不安な次の通院までの間を埋める役割が電話相談にはあると考えられる。この場合は、次の通院予定日の近くには必ず電話がかかってくる。

⑥　診断された自分（または家族）の病気を受け入れられないために、何度も同じ言葉で（本当にそうなのだろうかと）相談してくる。これは、その病気・病名などを受け入れられないのである。

⑦　孤独なために、作り話をしてまでも相談員の関心を引いて関わってもらいたがる人がいる。話の内容はとても信じられないようなものであったり、いつも同じ（類似した）テーマである場合が多い。空想の中に埋没し、自分で作ったシナリオに酔い、なかなかそこから脱しきれないために、頻回に電話をすることになる。これは、作話症・空想性虚談症という。

頻回通話者は、すべて上記のいずれかに分類されるというものではないが、電話相談に比較的多くみられる場合を挙げてみた。

４．頻回通話者への対応

電話相談員にとって難しいのがこの頻回通話者への対応である。声を聞いただけで「またあの人か ...」とわかり、憂うつになったり、拒否したくなったりする。この気持ちは電話相談員の心の中に自然に生じる感情であるから、それ自体を悪いことであるとか、そのように思うのでは相談員の資格がないなどと考える必要はない。しかし、相談員自身も傷つかず、コーラーにもよい援助ができるように、頻回通話者の心理や対応について充分に学習・訓練を積む必要がある。そこで、３の「頻回通話者の心理」の項で述べた順に従って、その対応の仕方について説明していくことにする。

①　電話依存者に対して

どのような援助活動であっても（医療・カウンセリング・教育など）、最終目標としているところは「その人の自立」である。電話相談においても例外ではない。しかし、他の援助方法と違って電話相談の場合は、コーラーの手元に電話機があるので、いつでもすぐに電話をかけたくな

る誘惑にかられる。いやそのような考えもなしに、無意識のうちに電話をかけていることが予測される。特に、依存性パーソナリティ障がい者においては、習慣的に他者に相談をしているといえる。必要以上に他人からの援助・意見を求め、孤独になることを極端に恐れ、実際以上に自分の能力に自信がなく、自分自身の考えで行動できないのである。そこで、コーラーの具体的状態・欲求・願望などを語ってもらい、今できそうなことを具体的に提案してもらい、それを支持するのである。大切なことは、指示ではなく支持することである。

② 人間関係のできにくい人に対して

　個人対個人として他者とつき合えない人は、発達の過程で「二者関係」を体験していなかったのではないかと思われる。子どもとその家族関係を考える時、一者関係・二者関係・三者関係というとらえ方がある。一者関係とは自分中心で自分のことしか考えない。母と子は一体といった赤ん坊のような、他者から自立していない心の発達段階である。二者関係とは母と子がある程度分離独立した状態にあり、しかも一対一としてつき合える人間関係のことである。1歳過ぎには体験される。三者関係とは父と母と子ども、あるいは兄弟姉妹といった関係である。

　自分と相手との間に他者が入っても関係が壊れない関係である。3歳から5〜6歳の間にこの関係に適応できる能力を身につけるはずである。しかし、何歳になっても一者関係から二者関係に発達できない人は、電話という機械を媒体とした疑似二者関係を持とうとする。生きた人間とはつき合えないので、受話器を通して仮想（バーチャル）的な人間関係を持つことで、二者関係を体験しようとしているのである。その意味で、電話相談はコーラーの心の発達を阻害する危険性を持っている。一時的な心の休息の機会としては有用であっても、電話依存者を作らないようにしなければならない。

③　抑圧している感情のはけ口とする人に対して

　このような人は最初から怒っていたり、相談員の対応がよくないといって怒る。直接相談員を馬鹿呼ばわりをして、罵倒したりもする。このような電話に対して、コーラーの怒りは直接その相談員個人に向けられたものであるととらえないほうがよい。「欲求不満－攻撃仮説」という理論があり、また、「代償行動」という防衛機制もある。たとえば、人は思い通りにいかないと腹を立てる。しかし邪魔をしている人には勝てないと思える時、別のもっと弱い立場の人に怒りをぶつける、というのである。コーラーの人が難題を抱えている時、どうしようもない気持ちを、姿かたちのみえない電話相談員にぶつけていると考えたほうがよい。怒鳴られても怒られても動ずることもなく、ここで怒りの感情を表現できたら社会生活では怒りを出さなくてすむと考え、その人の怒りを充分に聴かせてもらい、怒るのはもっともだといってあげられれば、ほどなく怒りは静まるはずである。たとえ最後まで怒りっぱなしでも、電話を切った後コーラーは感謝するであろう。

④　孤独の中にある人に対して

　精神的にひきこもりの人、病気や老齢のために外へ出ていくことができない人、しかも家族や友人がいない人、あるいは家族はいてもよい人間関係にない人などは孤独な人である。このような人は毎日のように電話をかけてくる。しかも、日が暮れるとますます寂しさはつのってくる。１日に１回は人と会話を交わしたいと思うのは当然である。そのような欲求は、心が健康な証拠でもある。このような状況にある人にこそ電話相談は存在するとさえいえる。毎日電話をかけてくるその人が今日も電話をかけてきたということは、「今日も無事でしたよ」というメッセージであり、こちらを安心させてくれる配慮でもある。それほどの長時間でなくとも、テーマのない世間話をして、「また明日もかけてください」といえば、少しは心安らかにその夜を過ごすことができるであろう。ま

た明日電話をしようということが張り合いになって生きる意欲にもなるであろう。精神的ひきこもりの人に対して、電話相談でできる援助には限界がある。家から出て他人と接するようになればよい、などということを目標としなくともよい場合もあるのではないだろうか。

⑤　次回の治療までが不安な人に対して

　心を病んでいるために、病院・クリニックや相談所などで専門家の治療（薬物療法、カウンセリングなど）を受けていながら、電話相談にかけてくる人がいる。その場合にはいろいろな理由が考えられる。まず、現在受けている治療に不満を覚えている場合（薬が効かない・医師などが充分自分の話を聴いてくれない・不当な扱いをされたなど）がある。直接コーラーと出会ってもいない電話相談員が、専門家をよい・悪いなどと評価・判断してはいけない。「今度受診した時、『こうして欲しい』といってごらんなさい」とすすめたほうがよい。また、「治療を受けに行くまでにまだ何日もある。それまではとても持たない」と不安そうにいう人がいる。この不安な気持ちは充分時間をかけて聴き、「また心配になったらいつでも電話してください」と保証する。そして他の相談員に申し送りをして、コーラーに「また最初から話さなければならない」といった不満が生じないように心がけることが大切である。聞きっぱなしではなく、皆であなたのことを支持しているということが伝われば、不安や不満も少しは軽減されるだろう。

⑥　現状を受け入れられない人に対して

　医療従事者による医療相談や弁護士による法律相談のような専門家による電話相談の場合は、何らかの懸念を払拭したくて電話をかけたり、専門的情報を得たくて電話をかけたり、専門機関で告知された内容を受け入れられなくて、もう一人の専門家による見立て（セカンド・オピニオン）を求めて電話をしていると予想される。その時、電話によって得られるコーラーからの情報には限りがあるので断定的なことはいえない

が、ある程度の意見を述べて直接面談へつなげることが必要であろう。また、ボランティア相談員の場合は、一般常識程度の意見や自分だけの個人的経験と重ねて助言することは大変危険である。それよりは、コーラーの思惑と実際に告知された内容とのズレについて充分に話す時間を与え、コーラーの意見に賛成するのでもなく、反対して説得するのでもなく、「告知された機関でもう少し詳しく説明してもらったらどうですか」とか「別の専門機関でもう一度診てもらったらどうですか」とすすめるほうがよい。

⑦　作話症と思える人に対して

　面接相談であれ電話相談であれ、専門家であれボランティアであれ、話の内容から作話か否かを判断することは本当は不可能なことである。なぜかというと、私たちの経験は一般的ではなく、それぞれ個性的であるし、価値観も個人によって異なるからである。それを自分の基準に照らし合わせて、「おかしい」とか「異常である」ということは避けなければならない。まして、作話か否かを判断する基準などというものは存在しない。そう考えると、軽々しく作話であると断定することはいけないことである。しかしそれにもかかわらず、話の内容があまりにも普通の日常性を超え、常識の枠を逸脱している場合に、作り話ではないだろうかと疑うことがある。そこには、作り話をしてまでも人と関わりたいという強い欲求があるものと考えたほうがよい。そこで、相談員が関心を向けざるを得ないような内容が語られる。自殺・性・近親相姦・不幸な出来事・不当な扱いなどがテーマとして選ばれる。コーラーには、これらの問題を解決したいというよりは、こういう話題で相談員と関わり、孤独を癒やしたいという思いがあるのではないだろうか。そして、一度そのテーマで話を聴いてもらえたという体験をすると、繰り返しそのテーマを持ち出してくるのが作話症と思える頻回通話者の事例である。「またかけてきた」と思うよりは、「またかけなくてはいられないほどの

孤独を感じているのだなあ」と対応すべきである。

　しかしながら、作話と思える人に対して、おかしいと思いながらもその話を一生懸命に聴くことだけが本当にその人の援助になるのだろうか。話の内容に対して解決を求めているのであれば、よく聴くことは意味がある。しかし、孤独の中にある人が作話によって　一時的（電話で話をしている時だけ）に親密な対人関係を得たとしても、本来的問題解決には至らない。それよりも擬似的親密関係を結ぶことが習慣化し、本当の対人関係を持つ勇気を失ってしまったとしたら、援助とは逆の結果を生じてしまう。一般論や方法論ではないが、時には「その話は前にも伺ったことがあるように思いますが、今日もその話題でないとお話しできませんか」といってみてもよいだろう。そして「本当はそのことよりも、寂しくて誰かと話をしたかったのではありませんか」といい、もしもその方向で手応えがあったら「もっと話しやすい他の話をしませんか」といってもよいだろう。しかし、こうした電話相談員の対応にのってこなければ仕方のないことであるし、ましてコーラーが「孤独？そんなことではありません。私はこのことを何とかしたいと思っているのです」といったとしたら、丁重に謝罪して本来の傾聴的態度に戻せばよいのである。

5．境界性パーソナリティ障がい者からの電話

　「時代の病」といわれる境界例は、医師やカウンセラーにとって大変難しい対象である。それは、一言でいうと「振り回されてしまう」からである。このような人は執拗に治療者を追いかけ回すし、治療者を理想化するかと思えば、次にはすぐに軽蔑・罵倒するし、死を口にしたり、実行（未遂）したりするなど、感情が極めて不安定であるという特徴を持っているからである。そして、病院やクリニック・相談所などで治療を受けていながら、電話相談にかけてくる場合も少なくない。すなわ

ち、頻回通話者の中にかなり多数いると思われ、相談員を悩ませている。

　境界例の詳しい成立過程は他書に譲るが、現代が人間関係のわずらわしさを避け、能率を上げることに力を尽くしてきたことと無関係ではない。その結果、人間関係が希薄になってしまった。J・F・マスターソンは、「見捨てられ感」が境界性パーソナリティ障害の中心的感情であるといっている。この「見捨てられ感」の裏には、自尊心を傷つけられることや、愛情を失うことへの極端な不安・懸念があると思われる。家族や友人などと親密な関係を持てないままに育ってきた人で、現在も豊かな対人関係を持ち得ていない人は、治療者に見捨てられないように「しがみつく」のである。そのしがみつきの対象の一つに電話相談がある。

　境界例と思われる事例の場合に、考慮しなければならないことは二つある。一つはコーラーの見捨てられ感を軽減するようにし、安定した関係を結ぶことである。具体的には、面倒がらず話を受容的に傾聴するのである。二つ目は、コーラーにしがみつかれ、力を吸い取られ、辟易してしまわないように相談員が工夫する必要があるということである。この二つの態度は、二律背反的であり、矛盾しているように思われるがそうではない。電話相談には、相談・援助の方法が電話であるという構造的限界があり、相談員の人としての限界・弱点があるという枠の中での援助活動である。この枠の中で最善を尽くすのが電話相談員の働きである。そこで、このような人からの相談電話に対し工夫すべきことを具体的に挙げてみよう。

① 　頻回通話者を軽々に境界性パーソナリティ障がい者と決めつけないで、普通の相談電話と同じように対応する。

② 　不安感情を聴くと同時に、具体的事柄（いつ、誰が、どこで、どういうことをいったのか、何が起こったのかなど）を話してもらう。

③ 　解決の方法を相談員が提示するのではなく、「あなたには、どう

いうことが考えられますか？」「あなたは、どういうことをしてきたのですか？」と上手に問いかけることも必要である。

④　通話時間があまり長くなったら、「疲れたので集中して聴けなくなると困りますので、一度切らせてください。また電話をかけてください」といって電話を切ってもよい。「毎回かけている」といったコーラーには、「今日は何分くらいお聴きしたらいいでしょうか」とか、「今日は〇〇分お話を聴きましょう」と、あらかじめ時間を決めてから始めたほうがよい場合もある。

6．おわりに

　しばしば不安や悩みを訴え続けたとしても、たとえその人が作話症や境界性パーソナリティ障がい者であったとしても、頻回に電話をかけるにはそこに必要性があるからである。それを、頻回通話者として十把ひとからげにすることは、人間を大切にすることではない。電話をかける人も、電話を受ける人も、どちらも大切な人間である（人間性の尊重）という点で は同じである。

　相談員が自分の生活や家族のことを顧みず、他者の悩みや問題解決に奔走することは一見立派な行為のようにみえるが、そうではないと私は思う。この基本的人間観と自分の行為とのすり合わせとして問われる事例が、頻回通話者への対応である。

Column

相談の時間

　一般に面接相談では 50 〜 60 分の時間が枠組みとして想定されている。一方、電話ではその時間枠は一定ではない。相手との対話がかみ合わなくなったり誤解が生じたり、コーラーにとって必要な援助が与えられないと感じられると、電話が切れてしまう。その意味では、電話相談では「我慢しない」「本音の」関係が現出する。面接では決して起きないようなことが起こる。中にはこちらが「もしもし」と「一言」いっただけでもプツンと切れてしまうこともある。

　反対に長い電話になると 3 時間にも及び、それでもどうしても切れない電話もある。これらは一方的にコーラーの問題とばかりはいい切れないが、相談員が電話を終わりそうになると深刻な話を持ち出して長くしようとしたり、自殺をほのめかしたり、恫喝や懇願が始まったりすることもある。

　面接に比べて「顔を知られない」「自分を隠せる」度合いが高いのが電話相談の特質でもあるので、このような「匿名性」との兼ね合いで関係が規定されている。対話の平均値でいえば、27 〜 35 分ほどの時間となっている。少なくとも電話相談では、30 分程度で話が一応収まっていることになる。

つまり中心まで掘り下げない、とりあえずのバランスを求めるのに最適であるといえる。この考え方に立てば「危機介入」にふさわしいといえよう。人格の変容を求めるのではなく、当面のこころのバランスを支えることに特徴があるといえる。

　相談員—相談者の関係が固定されにくく、継続を前提とした面接とは大きく異なっており、次の約束ができないと考えられている。一方、電話を終える時には、かける時ほどの精神力は必要とされない。むしろ簡単に関係から離脱してしまえる。もちろん挨拶して対話を終える人もあるが、無言で終えることができる。これもそれも「匿名」の故であろう。再び会うことも話すこともない可能性が高いので、関係はこれっきりでおしまいになる。受話器を置いてしまえば、どこの誰か知られないから、「隠れ蓑」を通して相談しているような感じさえする。地理的距離は遠く離れているけれど、親密な対話が育まれるのが電話相談である。コーラーは相談員から脅かされない距離にいるので「遠いけれど近い」関係ができる。「遠いから近い」関係であると言い換えてもよい。

　時間の問題とは「関係の問題」である。温かさ、真剣さが対話の関係を作り出す。ほとんどの電話は真剣で、誰にも話せないことが語られている。アルコール依存者のためのグループ、自死遺族支援グループなどが「アノニマス（匿名）」で運営がなされているが、匿名は自己開示の促進に貢献する。電話相談もこの匿名性によって自己開示が促進されている。

第 6 章　電話相談と性

1．電話相談における課題

　電話が持っている「匿名性」という特質は、「秘密」にしたいことについて特に大きく働いている。自分が見知られないということによって随分と安心して相談を持ちかけることができるので、一般に面接では話しにくい事柄も電話によって可能になる。

　「性」に関することは秘密にされやすいことの最たるものである。しかしそうであればあるだけ、そのことについての悩みや不安を相談することは相当に抵抗感があるものである。電話相談はこの抵抗感を和らげることが、匿名であるということによって可能であるので、「性」についての相談は面接に比してたやすいということになる。これまで電話相談においては「性」に関する事柄が比較的多くみられることや、「性」に関する問題への対応についての困難さがあることをかなり早くから指摘されてきた。

　一般に「性」に関する事柄については「匿名装置」が働くことによって安全であること、また心理的主導権をコーラーが持つこと（たとえば不都合が起きたらすぐに切ってしまえること）などによって、電話相談員はこれまで「性」の問題にまつわる相談でいくつかの困難な対応を迫られてきたといえる。

　「性」に関してのこれまでの電話相談の取り扱いは「生理」「性器」「性生活」などについての「悩み」「不安」、「エイズ」「性病」、「性倒錯」「性転換」などの「悩み」「不安」などを主たる対象として、それなりの対応を試みている。しかし、それ以外の「覗き」「レイプ」など性犯罪に関すること、「性的なことを話題にして性的興奮を求める」こと（テレ

フォンセックス）をもっぱら求める電話や、「性的な言葉・話題」によって相手が嫌がること（性的な嫌がらせ）を楽しむ電話などへの対応が困難なので、いつもその取り扱いについて論議の多いところとなっている。

　性に関することは日常的には会話に上らせたり直接触れることをしないので、たいていの場合相談員にとっても「初めて耳にする」ことであったりする。そして、「話題を避ける」か「うろたえる」か「不快に思う」かといった反応が対応のほとんどになってしまうことがある。

　すべての相談に占める「性」に関する問題の割合が３割以上に達する相談機関もある。相談員の中には性的な嫌がらせの電話を受け続けたため、「このようなことのために相談活動を行っているのではない」とか「もっと真面目な相談のために用いられるべきである」と考え、ついには耐えきれなくなり相談員を辞するということも起こっている。「性」については真面目な相談であっても対応が難しいところへ、「テレフォンセックス」「性的な嫌がらせ」の電話ではたいていの場合うんざりさせられるのである。そこでいくつかの相談機関では、通話を原則的にはこちらから切らない方針を持っていても、このような「テレフォンセックス」などの場合には対応を断るという方針を採っているところもある。

　相談員のトレーニングとして、「性」の問題に対応することについては未開拓の部分が多い。「産婦人科」の医師に講義を頼んでみたら「解剖学」と「性病」と「妊娠・出産のシステム」に終始したということがあり、それではということで、人の関係の営みとして「倫理学・宗教学」系統の方にお願いしたら、これはこれで難しく、電話相談には役に立たない話だった、などという話がたくさんある。役に立たなければいけないのか、どうすれば役に立つのかをいつも考えることになる。養成トレーニングの問題としての課題も視野に入れておく必要がある。また講義でなく演習・実習形式の場合には対応上のモデルを示すことも求められる。

2．「問題」の背景

　電話相談は「口から耳へ」の直接的な話しかけであるとか、一定の時間、直接相手を拘束できるとか、相手の顔、姿を直接には観察できないので「幻想的」に対象を想定しやすいとか、現実とはかけ離れた特別な性愛的関係を作りやすいといったような特質を持っていることがこれまで指摘されている。

　これらのことは、ある意味では「非現実的」な関係を作り出しやすくなるし、その人の人格の特定の「部分」が電話での関係の中で誇張されて引き出されやすくなったりすることを指しているようである。たとえば、一般に電話のほうが日常の会話より声のトーンが高くなるとか、電話のほうが「攻撃的」になりやすいということは知られている。いざとなればいつでも電話を切れるということや、こちらの素性を知られないということなどからもたらされる側面から容易に想定できる。その人が持っている別の側面が強調されるように働くこともある。その人の「現実的なパーソナリティ」とは違った、「電話」によって「引き出されやすくなった（引き出された）パーソナリティ」というものがありそうである。これを仮に「電話パーソナリティ」と呼んでおくことにする。

　自我が比較的弱い人、自我が混乱したり、強い不安にある人などの場合、現実での場面では自分を守りにくいことになる。そもそも電話が代わりに守ってくれる仕組みを持っていることで、このような人にとってはうってつけの相談システムであるといってよい。私の経験では、Aという人格で何回か継続して電話をしてきた人が、対話の中での相談員に対する葛藤や不満を、今度はBという別人格を「装って」かけるようになり、さらにそのAの関係者と名乗ってまた別人格Cとして電話をかけてきたケースがある。いずれも「話し方」「情報が共通」「接続詞や感嘆詞」に特徴があることなどによって同一人と判断できたものである。このようなことは「面接」の相談では決して起こらない。第7章で扱われ

ることになるが、このようにして「精神的に困難を抱えている人」と電話相談とは実によい結びつきになるようである。

　さて、「電話パーソナリティ」とは、このように「電話」というシステム自体がもたらした強調されたパーソナリティの側面を指すのであるが、「作話」（虚構の物語）をいくつも作り出して電話をかけてくる人なども「現実パーソナリティ」とは違った「電話パーソナリティ」というふうにみることができる。必ずしも精神病理としての「虚言癖」とは考えにくいところもある。

　「性」に関する部分も、このような電話システムがもたらしているところが大きいように思える。そもそも人の中で、「性」に関する部分は比較的秘密にされ、また隠されている。電話はそこのところを「引き出しやすくしている」といえる。このように考えると、そのまま放っておけば「テレフォンセックス」のようなものは当然のように起こってくることになる。その人自身がそのような人であるというよりも、電話がその人のそのような部分を助長している可能性は充分にあると考えられる。

　一方、私たちや青少年の社会環境を見渡すと、「性」が「人間関係にとってどのように大切であるか」「関係を育てることによって性がどのように豊かになるか」という視点では取り上げられていないようにみえる。そもそも「性」は相手のある社会的行為であるのだが、むしろ雑誌その他のメディアの扱いは「性」の「衝動」の部分や、「一方的・自己愛的」な満足を得るような「性」に関心の中心があり、偏った、不充分な情報しか与えられていないことも多い。たとえば、「母子（父子）で愛し合っても子どもは産まれない」と信じている中・高校生がいたりするのである。

　「電話」で相談員の下着の色を尋ねてみたり、自分の性的な興奮に巻き込もうとしたり、相談員の困惑やうろたえを楽しんでみたり、という

ことは社会的行為の一つであるとみることができよう。ただ、相談員を一方的な受け手として想定されているところに、相談員の苦痛がある。

　相談員にとって問題と感じられるのは、このようにどちらかといえば「相談になりにくいこと」であり「繰り返しで変化を望めないこと」や「その人自身に自己理解や成長への動機がみつからないこと」「一方的で相互性が感じられないこと」などからくる「徒労感」や「無力感」である。

　「性」の問題だけに限らないが、一般的にいって

①　心配・不安・悩みなど感情が伝わりにくい。

②　常に同じ内容が繰り返され、変化がみられない。

③　問題点を指摘したり、明確にしようとすると、はぐらかされたり切られたりする。

④　相談員を一方的に支配したり、利用しようとしたりする。

⑤　媚びたり、脅迫しようとしたり、泣き叫んだりするなど感情の激しい変化に相談員を巻き込む。

　このような特徴があるものについては、どのような相談関係であっても対応がなかなか困難であるが、「電話」で、そしてその内容が「性」であることでは一層困難を極める傾向にある。

3.「性の問題」の諸相

⑴ 「性」の問題の考え方

　「性」に関する相談状況は、「面接」の相談に比べるとはるかに電話のほうが多い割合を占める。性器の色や形や大きさ、自慰の頻度、性への異常な関心やレイプ願望へのとらわれなどから、性交に関する不安や失敗など他者との関係にまで及んでいる。それだけでなく、妊娠、性被害、近親姦、同性愛などの問題、さらには異性の服装を楽しむ習癖、異性の下着などによって性的興奮を得る、下着などを窃盗する、覗き癖など広範にわたりさまざまな形で持ち込まれる。

後者のいくつかは一般に「性に関する異常」ととらえられているものである。しかし、「性の異常」という概念は安易に使われてはならないものである。たとえば、「フェティシズム」と「同性愛」について考えてみると、どちらも「性の対象」について「一般の人々」とは違ったものを性の対象として求めているといえる。しかし一方は「物」であり、他方は「人」である点でまったく違ったとらえ方をする必要があるといえる。そして、「異性」だけを「性の対象」とする考え方は批判されるようになりつつあり、国際的に「同性愛者」同士の結婚が認められるまでに至っている。近年では、「性的同一性」という立場から「性転換」についても「社会的な認知」が進んできている。

　問題は「相談員」自身の「性」に対する考え方、価値観に関わってくるのである。「自慰」一つとっても、それ自体を罪悪視する考え方もあれば、まったく問題にしないばかりか、むしろ積極的に推奨する考え方もある。

　「性」に関することはもっと別の形でも問われることがある。たとえば「結婚外の妊娠」についてや「不仲になった夫婦の、他の人との恋愛」についてなどでも相談員によって見解は異なる。どんな場合にも「結婚外」の恋愛や妊娠は許さない（許されない）と考えるか、二人の関係いかん（たとえば当事者の年齢、将来の見通しなど）によると考えるか。夫婦外の恋愛について抑制的に判断するか、促進的に判断するか、見解が分かれるところである。性をめぐってはさらに「近親姦」「幼児虐待」「望まない妊娠」なども取り上げられることがある。過去には「援助交際」という言葉や性風俗も生まれ、倫理的混乱を極めている。

(2)　「異常」ということ

　「異常」の概念自体が、①平均からの逸脱、②本人や周りの苦痛の度合い、③倫理観、社会通念、道徳観からの乖離、などが入り交じって評

価されているし、時代や社会の変化によってその概念は変化していくものでもある。

　電話相談の場合、もっと他のところにも問題が広がっている。先ほど述べたように、「テレフォンセックス」はそれ自体で相談員を不快にさせたり、時にはかなり傷つく相談員が出ることもある。「テレフォンセックス」「性的な嫌がらせの電話」は相談員に苦痛を味わわせるものの最たるものとして位置づけられている。しかし、よく考えてみると対応が難しいから「異常」であるのか、そもそもこのような電話そのものが「異常」であるのか判断しにくいところがある。

　一度だけではなくて「執拗に」「繰り返し」いたずらやテレフォンセックスをかけられると、相談員は無力感にさいなまれたり怒りを持ったりしやすい。担当時間内に続けて何本もテレフォンセックスがかかってきたり、同じ人から執拗に繰り返しかけられることもある。そして、さらに問題なのはこのような不快な電話の後で深刻な電話がかかってきた時である。相談員は心のバランスを失ったままの対応を余儀なくされることになる。

　いずれにせよ「性」のこのような側面は、相談員にとっての「対応の困難さ」＝相談員の苦痛、としての「異常」感をもたらしている。「性」に関する問題はパーソナリティの中心的なところに関わっていることは確かである。それだけに相談員自身が相当に深いところを「揺さぶられる」ことになる。また、簡単に「答え」のみつからないことであるので、すぐにも「道徳・倫理観」で判断をして終わりにしたくなる問題である。

４．相談員の対応

(1)　相談員のあいまいさ

　先ほどからいくつか述べてきたように、「性」に関する事柄自体がなかなか対応が難しいことを述べてきた。それはすぐにも「自分自身の性

のとらえ方」に関わってくるからである。私たちは通常、自分の「性」に関して掘り下げて考えたり、真面目に取り上げて話し合ったりはしないこととも関係している。自分の性衝動に対しては意識的・無意識的に抑制・抑圧することでこれまでの人生で対処してきている。このような経過からして、他のことに比較しても私たちの「性」に対しての認識は、「不確かさ」「あいまいさ」「気恥ずかしさ」などいくつものフィルターを通して持っているものである。羞恥心やさまざまな抵抗が相談員の心の中でも起こりやすい。夫婦であっても「性」について直接会話することは困難な部類であろう。ましてや、コーラーから「性」の問題を直接に突きつけられたら一目散に逃げ出してしまうか、たてまえや理想を述べたててかわしてしまうのが落ちである。私が経験したある相談員とのスーパービジョン[注1]で取り上げられたことを簡単に紹介しよう。

　電話の中で相談員は「妻が病気で6年にもわたりずっと看病に尽くしてきたコーラーが、社交ダンス仲間の女性に魅かれて性的な関係を持った話」を聴いて、「奥さんはあなただけが頼りなのに」「絶対にそういうことは許されない」と強く詰め寄っていった。いくつかのやりとりの後で、とうとうコーラーは「少し考えてみます」といって電話を切ってしまったのである。たてまえや正義を振りかざす態度が問題であるというよりも、そのような人の心理を理解しようとしていない態度が問題であると感じられて、スーパーバイザーは「あなたはそのような状況にある時、そのように他の人に惚れるとか、つき合いたいといった感情はないのでしょうか」と問いかけてみた。最初相談員はかたくなに「否定」していたが、自分の内面を見始めることによって徐々に「私の心の中にも夫（妻）以外の人を好きになる感情はどこかにあります」「好きになったら性的な関係を持ちたくなると思います」と認めている。

　このように自分のことをみつめてみると「危うくなる」ので、「否定」したり回避したりしていることは案外ありそうである。それでは一つ一

78

つの電話での対応をすべて自分をくぐり抜けさせないとならないのか、というとそれはそれで難しいことである。「性」の問題は自分のこととしてみると「危なっかしい」ところにあるので、相当に揺さぶられることになるものである。

(注1) スーパービジョン
　研修の一環として指導する役割にある人の指導を受けることで、自らの活動の過程について再検討する作業のこと。その目的は個人の成長のサポートにある。
　指導者とともに振り返ることでそれまでみえなかった点や誤解していたことに気づくことができる。またグループで行うことで所属している組織のルールを確認できたり。他の人の言動をモデルとすることもある。

(2)　具体的な対応

　性の問題のいくつかは情報を丁寧に伝えることでカバーできるものがある。主に生理的な側面に関するものは悩みを適切に受け止め、正しい知識を提供することで間違った判断、ゆがんだ情報、それらに起因する不安をある程度解消することができる。この部類に属する相談は「異性」の相談員を求めないことや、真剣な態度から判断できることが多い。男性は女性に比べ学校教育の場で「性」「生理」についてきちんとした学習をする機会が少ないと思われるので、氾濫する「性・風俗」に関する雑誌・週刊誌に振り回されるような状況にあるといえよう。

　最近ではいわゆる「純潔教育」ではなく「性教育」がなされるようになってきているので、「男女7歳にして席を同じうすべからず」などのような「べからず」の教育から脱出しているとはいえ、まだまだ混迷が続いている。

　このような対応ではうまくいかないのが「わいせつ」「テレフォンセックス」などの電話である。少し具体的な例で考えてみよう。たとえば、「自慰」をしていたり、「性的なからかい」を目的として電話をかけてきていることがはっきりした段階で、一般的には相談員はいくつかの典型

的な対応をする。

① 「無言」で相手にしないで電話が切れるのを待つ。

② 「相談」から逸脱しているとか「機関」の趣旨と異なっているとか
を告げて電話を切る。

③ こういうことに人を利用しないようにいい、終わったら電話をく
れるように頼む。

④ こちらの意思を無視して、一方的にそのようなことの相手をさせら
れるのはごめんである。それは倫理的に問題であると告げる。

⑤ このようなことをしていると「異性」からかえって「嫌われる」と
諭す。

⑥ 「馬鹿にするな」「不快である」とこちら側の「怒り」を伝える。

⑦ このようなことを続けていくことは病的であるので医師に相談する
よう告げる。

⑧ 性的な関係を持てるような相手はいないのか、どのような家族・
交友関係を持っているのかという方向に話を向けようとする。

もちろん、対応に「正解」というものはない。問題は一つの電話にど
う応えるかということだけではなく、前後にどのような電話を受けたか、
どのくらい疲労度が高いか、そして「相談員」がどのような価値観・判
断を持っているか、ということにかかっているのである。

さて、対応のいくつかを取り上げてみることとする。

①②③は関係を切る、関わらないようにする、無視する点に特徴があ
る。④⑤⑥は相談員としての自分の感情、思想を伝えることで相手に立
ち向かおうとしている。⑦⑧は話題や関心の方向づけを意識的に変えよ
うとしている。

もちろん対応しにくい問題や、場合によっては不快な電話を相手の意
志や要求のままに受け止めることは、相談員をいたずらに苦しめること
になるし、モラール（意識・やる気）を低下させることとなる。だから

「切る」ことや「無視する」ことや「そらす」ことが必要となることがある。それでも①②③のような相談員の態度や関わりから生まれるのは、やはりコーラーの「孤独」であろう。「性」が「社会的関係」の中での「社会的行為」であるならば、私たちは「関係」を結んだ中での対応を考える必要がある。④は倫理的な判断であるところに特徴があるが、この方法は相談員の無力さや怒りを相手に「価値」という形でぶつけていることになる。そして少なくとも「私は正しいことを伝えた」ということで、相談員としての最低限の責務を果たしたととりあえず満足をすることになる。⑤は自分がこの話題を嫌いであることを一般化し、間接的な形で伝えていることになることもある。⑥は相手からの行為・関わりに対して相談員は「被害者」という形で感じとっているところに特徴がある。もちろんこの感じ方が間違いとはいえない。むしろ相手に対して対等に向き合っているということもできる。しかし相手に対して「道徳的な罪悪感」を作り出しているだけかもしれないし、相手は罪悪感から逃れるためにこのような行為を繰り返すことになっているのかもしれないという可能性はある。⑦⑧はいずれも方向や内容に多少の違いはあっても、直接「性」のことを受け止めようとはしていない。その背後に関心があるという形で、実は「性」に触れることから逃れているだけかもしれない。

　このように考えていけば、どれもこれも対応上の問題を抱えているということになる。どれもが間違いではないし、どれもが間違いであるともいえる。どのように相手への「関心」や自分の中での「逃げ」を持っているかという点から判断されるものである。ところで相談員にも成長の過程があり、新人からベテランになるにしたがって徐々にうろたえや混乱が低減していくことは知られている。また、ある程度は年齢や結婚経験にも左右されるようである。電話の経験が安定感を与えていくことは確かであるが、それよりも相談員同士でもっといろいろな事例を通し

て「性」について語り合うことが一番であろう。

5．性の問題の特徴

① 心配・不安・悩みなど感情が伝わりにくい。

② 常に同じ内容が繰り返され、変化がみられない。

③ 問題点を指摘したり、明確にしようとするとはぐらかされたり切られたりする。

④ 相談員を一方的に支配したり、利用しようとしたりする。

⑤ 媚びたり、脅迫しようとしたり、泣き叫んだりするなど感情の激しい変化に相談員を巻き込む。

　前述〈2．「問題」の背景〉で、このような電話は一般的にとても難しいことを述べたが、少なくとも①〜④は「性」の問題現象にそのまま対応している。すなわち、「性」が問題となるのは一般的対応の困難さとともに「内容として」の取り扱いの困難さからである。

　実際に電話に出るとわかるのだが、（男性の相談員は経験しないことが多いのだが）「ひそひそ」と「押し殺したような声」の「絡みつくような話し方」で「低姿勢で丁寧な感じだが決して自分の内面に触れさせようとしない」などの特徴的な電話をいくつか体験することになる。いずれのコーラーも同じような話し方なのはどうしてだろうと不思議に思えるくらいである。彼らは（この問題の対象者はほとんどが男性なので）、実に「ひっそり」としている。それだけ「まずいこと」「よくないこと」をしているという感じをコーラーも持ちながら話しているということがわかる。一過性のものであるのか、慢性的・常習的なものであるのかという判断がつきにくい。それだけに相談員が乱暴に扱うことでかえって意地を張ったり、一定の満足が得られるまで執拗に繰り返すということが生じる可能性もある。

　「テレフォンセックス」はたびたび対応を拒否されることから、実に

巧妙に姿を変えて登場することがある。たとえば、「すごく悩んでいる」「死にたい」「とてもつらい」という言葉を挿入することで相談員の関心を引きつけようとしたり、いつの間にか話が「セックス」描写に展開していて、後で気がつくということもある。また「いのちの電話」のように全国的に展開している機関では、同じ人があちこちに電話をかけ回っているということがあるし、極端な例では（実際にはよくあるのだが）新人が初めて電話に出るシーズンになると活気を呈することとなったりする。それは、養成の過程で「よく話を聴くように」教育され、ひたすら「傾聴」する人がいてくれることで、これを狙ってかけてくるからである。

　さて、別の観点からの話を補足しておこう。「性」の問題の背後についてである。「妊娠」を心配する電話のほとんどは「女性」からかけられ、男性からのそれはまれにしかみられない。それだけ認識の差や、「性」にまつわる関係の後始末は女性に押しつけられていることがわかる。「エイズ」に関しても同様に「胎児感染」の感染源は男性からもたらされることが多い。「性」の問題には明らかに「ジェンダー」が絡んでいる。その意味でも「社会的な行動の一つ」として「人間関係の枠組み」の中でとらえる視点をぜひ備えておかなければならない。

　また、適切な家庭環境下におかれていない子どもたちや、適切な関係を持ち得ていない夫婦・家族関係が絡んでいることも多い。その意味では「性」の問題は「家族」問題でもある。人間の人間に対しての「温かさ」や「配慮」が最も問われるのが「性」にまつわることといっても過言ではない。

　人間は「性」に関して「本能」が壊れた動物であるという考え方があるように、他の動物にはみられないような現象がいくつもみられる。たとえば人間には「発情期」が存在しない。また「セックス」が「妊娠」「出産」を前提として行われるとは限らない。むしろ「快楽」の一種として

扱われているようである。ある学者は「セックス」における「妊娠」と「出産」と「快楽」がバラバラになっていると指摘している。すなわち、「代理母」「人工受精・対外受精」などが現代的なテーマとなっているのである。ついには「クローン」技術が取り沙汰されつつあり、「人間そのものの存在」「自分の分身としての自分の創造」の問題にまで発展しようとしている。「性」は究極の「人間問題」であることは確かなのである。

「性」の問題につきまとう「影」の部分は深いものがある。それは自分自身ではなかなか始末しにくい厄介な部分を含んでいそうである。だから人は「性」に関してなかなか態度・習慣などのスタンスを変えにくいし、他者からの支えや働きかけが必要であるように思える。その意味では人は「幻想的」で「自己愛的」な世界の中に居続けたいと願い、他者と本質的な関わりを持とうとしない限り性に向かう態度は変わらないかもしれない。

相談員が直面させられている苦痛は、それゆえ「人間が生きていく苦痛」そのものであるといってよい。

6．現実的な問題として

とはいっても、自慰をしている人は、自分の欲望を満たすような女性が現れるまで何度も電話をかけ続けるし、面接を紹介したり、医師の助言を求めるような働きかけに対してはおおむねよい返事をしないことが多い。しかもコーラーが「自慰」を終えてから改めてかけ直してくる可能性はまずないといってよい。

人を受容するということは、このような行動を強化したり、大目にみたりすることを指しているのではない。より率直で信頼できる開放的な関係を作ることによってのみ達成可能であると考えられるのである。もちろん相談員がいたずらに誘ったり、すすめたりすることは注意しなけ

ればならない。そして、実際にそのような関係を作り上げられる相談員は一朝一夕には育たないものである。だからその深みにおいて、そのふところの広さにおいてこの問題に対応することができる相談員を組織の中からみつけ出すことから始めることがよいようである。

　性的な感覚に開かれた人をみつけることができると、組織の多くの人がその人から多くのものを学ぶことができるし、コーラーも救われることになる。場合によってはそのような人を特別に配置して対応するシステムを作ることも考えられる。そして、実はこのような人材は「専門家」の中にみつけるよりも「非専門家」の中でみつけることのほうが容易であることが多い。

　「いのちの電話」のようなボランティア組織の中でみつかることがしばしばある。これは人間的な「センス」に属しているようであり、必ずしも「専門的なトレーニング」とは重ならないように思える。もし可能ならば、特別な人を配置してこのような問題に対応を委ねることはよいアイディアである。もちろんこの担当に当たった相談員は絶えずこのような話題や刺激を受け続けることになるので配慮が必要となろう。

　私のスーパービジョンでの経験では、まるでアレルギーのように拒否反応が強い相談員もかなりの数いる。よく話し合ってみれば対応の鍵や関わりの糸口がみつかるのだけれど、頑迷に拒否しているとまったくみえない（みない）ことになるようである。とはいっても、電話を一度受けてから簡単に他に回すというわけにもいかないし、それなりの覚悟を持って関わり続けるしかないようである。つまり「性」の電話をも含めて担当者の中で自分をみつめる作業に取り組み、自分の成長に少しは役立つと信じて進んで欲しいものである。

相談員のケア

　電話相談は比較的安易に設置される傾向にある。それは事前の研修やケアに関して関心が薄いことからもわかる。

　電話は相談してくる人に対して準備したり、備えたりすることができない。実にいろいろな問題や困難が持ち込まれる。性的なからかいや恫喝のような電話もある。そして、そのからかいと恫喝の直後に深刻な自殺の訴えがなされたりもする。対応に失敗したから次にはこうしようと作戦を練っていても、いつその人からの電話を受けるのかわからない。さながら「防具なしで戦っている」かのようにボロボロに傷つき、落ち込む。悲しい目にあっても不愉快な目にあっても「守秘義務」があるので、簡単には外に吐き出せない。いつしか溜め込んでしまう。そうしているうちに「やる気が出なくなった」とか「電話を受けたくなくなった」というように、感情も身体も傷んでいくのである。

　この傷みの傾向は面接相談よりも頻度が高く、深刻化しやすい。声だけに集中することは、相当に緊張を強いられる。相手のその後の様子がわからないので、いつまでも心から離れない。あるコーラーは「今度雪が降ったら死にます」といっ

て電話を切ってしまった。それを受けた相談員は、それ以来毎日「どうぞ雪が降りませんように」「どこかで生きていますように」と祈り続けていた。これは電話ならではのもどかしさである。どこの誰がどこからかけているのかわからないから、ことさら心配になり深刻になるのである。

　携帯電話の登場で、どこにでも持ち運ぶことができる。崖の上、屋上、駅のホームどこからでもかけられる。「今屋上にいます。これから飛び降ります」と電話がかけられる時代になっている。それまでの電話は「共用」で「共有」の伝達手段であったが、今では人に邪魔されずに通話することができる。密かに電話することができるようになっている。

　このように電話の変化は同時に相談員の苦痛とともにある。それだけに相談員の心のケアに対して配慮をしすぎることはない。それがみすごされて、いとも簡単に設置運営されているのは寂しい。

　仲間相互に苦痛を聴き合うことはケアにつながるので、仲間たちとリラックスして支え合うことである。スーパーバイザーと話し合うことで混乱の焦点化ができることもある。しかし、いつでもタイミングよくスーパーバイザーが聴いてくれるわけではないので、相談員にはある程度不全感を保持する力も求められる。

　対応に苦慮する電話、苦痛をもたらす電話、無力を感じさせる電話などは多くの相談員が困っているが、共通の対応方針をたてるだけでも安心して取り組めるようになる。仲間相互に支え合う関係を作ることは大切といえる。

第7章　心病む人

1．はじめに

　電話相談において、対応の難しいケースの一つに「心病む人」からの電話がある。ここでいう「心病む」とは、世界保健機関(WHO)による『国際疾病分類』第10版（ICD－10）や、アメリカ精神医学会の『精神障害の診断・統計マニュアル』第4版（DSM－IV）などによって定義づけられた心の病気だけを意味しているわけではない。すなわち、精神病・一過性の精神病様症状・神経症・心身症・パーソナリティ障害・社会不適応行動・一時的心の混乱など、極めて広い内容を含んでいる。このように考えると、相談電話はすべて「心病む人」からのものといってもよいことになる。しかし、これらのすべてに言及することは不可能でもあり、あまりに専門的になってしまうので、比較的電話相談にかかってくることの多い「心の病」というあいまいな定義に含まれるものについて述べていこう。

　一般的にこれらの人からの電話相談は、対応が大変困難なものである。精神科の医療機関で働いている相談員にとってもその対応はなかなか難しいが、まして医学的・専門的知識が充分でないボランティア相談員にとっては、どのように対応してよいか困惑する場合が少なくない。精神医学的専門相談員ではなく、一般の電話相談員を対象にしてこの問題を考えてみよう。

① 「私は今、精神科の病院へ通って薬をもらっています」とか、「何度も精神科病院に入院したことがあります」という話を聞かされると、相談員の多くはそれだけで胸がドキドキしてくるものである。「これは難しい電話だ」とか「とても私には対応できないわ」という気持

ちがとっさに出てくるからであろう。しかし、よく考えてみると相
談員が病院や保健所・精神保健福祉センターなどに所属しているの
でなければ、コーラーが専門的な診断・治療に関する質問をするで
あろうか。自分の症状に関する診断や治療について答えて欲しいと
思って電話をかけてはこないはずである。生半可な家庭医学程度の
常識で答えるよりは、「私は精神科の医者ではありませんので、そ
ういう専門的なことはわかりませんが、そのことで何か困ったことや
不都合なことが起こっているのですか？」と尋ねるほうが問題の焦
点をはっきりさせられると思う。相談員自身が、自分のできること
とできないこと、してよいこととしてはいけないことについて、正
確な自己認識を持つことが必要である。

② 　まず、「心の病」の人に対応する、日本のシステムについて学んで
おくことが必要である。地域の援助機関としては、各保健所・精神
保健福祉センターの精神保健相談窓口があること、自傷他害の危険
がある緊急の場合は 110 番で警察に連絡をすること、すると警察か
ら精神保健福祉センターに相談がいき、もしも入院が必要だと判断
されたならば、定められている病院のどこかに搬送されることにな
る。このようなネットワークは各都道府県にあり、最終的には地方
自治体の長が責任者となって入院を決定する仕組みになっている。
このシステムを措置入院という。また、同意入院という方法もある。
これは家族・親族の同意によって入院させるものであり、身寄りの
ない人の場合は地方自治体の長の同意によることになっている。そ
の他、自由入院というシステムもある。これは本人の意志により病
院と本人の契約によって入院する方法である。
以上が入院に関する現在の日本のシステムである。しかし、「心の病」
の人はすべて入院しなければならないというのではない。ほとんど
の場合は、外来治療がなされている。国・公・私立の病院やクリニッ

クの精神神経科や心療内科などで外来治療を受けることができる。また、家族の相談には病院以外にも家族会があったり、お酒を断ちたい人に対しては断酒会もある。子どもに対しては、児童相談所や教育相談所・教育センター、警視庁の少年センターなどがある。

以上簡単に述べたが、このような公的・私的相談機関や治療機関についての情報を用意しておき、必要に応じて正しく伝えることが大切である。しかし、電話相談が単なる紹介所になってしまってはいけないのであって、紹介はあくまでも必要な時にだけ行い、やはり自分ができる範囲の中で援助的に関わる姿勢が必要である。

２．心病む人への対応

心病む人から電話がかかってきた時、どのように対応したらよいのであろうか。このことについて、古い引用にはなるが、「日本いのちの電話」連盟前理事長であり、精神科医でもあった故・秋山聡平氏が日本医事新報第 3163 号に掲載された「こころ病む人への応対の原則」が大変役に立つと思われる。そこで、これを少しわかりやすく書き直して次に挙げる。

① 心病む人は、家族や身近な人からも理解されず、そのために相手にされなかったりして、極めて孤独な状態にある。

② 相談員は、精神障害に関する勉強をして知識を増すことに時間を割くよりは、誰に対しても誠心誠意応対するという原則を忘れないことが大切である。

③ 「自分は心を病んでいる」と告白することは大変つらいことである。それなのに電話をかけ、そのことを話した。しかし、コーラーは、「秘密を明かしたが、それでも秘密を守りたい」という複雑な感情の中にいることを相談員は心していなければならない。

④ 心病む人こそ悩み多い人である。「精神障がい者である」などとい

うとらえ方ではなく、もっと具体的にその悩みそのものを聴き取り、記録に残さなければならない。

⑤　心病む人であったとしても、普通の人と思って、普通の人と同じように話を聴き取ることが大切である。

⑥　心病む人が、普通の人と・普通の話題で・普通の会話ができたならば、その人にとって大変嬉しいことであろう。病んでいる部分を除けば、他のほとんど全部は健康な普通の人なのである。それにもかかわらず、いつも・誰でも、「心病む人」という色眼鏡をかけて会い・話しかけてくる。

⑦　話の途中で「私は精神科病院へ通っています」とか「精神安定剤を医者からもらって飲んでいます」などと聴かされた時、「ああ、やっぱり」とか「そうではないかと思っていた」などといってはいけない。コーラーにとっては、今まで一生懸命聴いていてくれたのかと思っていたのに、精神障がい者かどうかを判別しようとするつもりで聴いていたのか、自分の話はそんな聴き方をされていたのかとがっかりしてしまうだろう。

⑧　コーラーの話を聴いていると、心病む人ではないかと気がつく時がある。たとえ気がついても、知らぬふりをするのが思いやりというものである。街頭で身体障がい者と出会った時、じろじろみないのがマナーであるということと同じである。

⑨　心病む人とわかったとして、どういう病気だろうか、どの程度の状態なのだろうかなどと探ることをしてはいけない。なぜならば、診断をして治療の見立てをするのは医師などの仕事であって、相談員の仕事ではないからである。

⑩　時々、「医者から薬をもらって飲んでいるが少しもよくならない。もうやめてしまおうかと思っている」といわれることがある。しかし、具体的に症状・病名・治療法・投薬の種類と量もわからないのに、

意見をいうことはいけない。「それでも通院し、薬は飲んだほうがよいと思いますよ」といって、主治医の先生に相談することをすすめるほうがよい。

⑪　妄想のような話をした後で、「これは私の性格でしょうか、それとも病気なのでしょうか」と尋ねられることがある。電話の話だけでは何ともわからないことであるから、「さあ、どうでしょうね」とだけいっておけばよい。

⑫　ありそうにない作話や妄想は、「私には信じられない」と正直にいってよい。頻回通話者には、「あなたの話は前に聴いたことがあります」とありのままいってよい。思ってもいないことをいうよりは、本当の・正直なことをいうのが一番説得力がある。

⑬　「この病気は治りますか」とか「結婚できますか」などと尋ねられることがある。「病気の回復について大変気にしている」「結婚できないのではないかと心配している」というコーラーの不安・心配を受容すればよい。軽率に「治りますよ、結婚できますよ」などといってはいけない。不治の病の人でも感謝して過ごしている人もいるし、結婚できなくとも幸せに暮らしている人もいる。

⑭　相談員は、コーラーに思いもかけないような名案を出してあげようとか、何とかしてあげたいと思わなくてもよい。解決法はコーラーが相談員に話しながらみつけていくものである。そのために、フィードバックをしたり、不明のところを質問したりしながら聴いていればよい。それがコーラーにとってよい援助となる。

⑮　支離滅裂な話をしているコーラーであっても、よく聴いてあげると一時的にせよ頭の回転がよくなって、話がわかるようになるものである。

⑯　怒るコーラーがいて、何をいっても怒る。あげくの果てに「これからそこへ行くから待ってろ」とすごんだりする。しかし、電話をとっ

ている相談員は安全地帯にいる。匿名ならば誰が電話で応対したか
わからないし、もし名前が知られたとしても、対策をたてる時間は
充分にあるはずだからである。

⑰　統合失調症は、「全治したか病人か」ではない。慢性の人は社会復
帰をし、平和な日常生活を送れることが目標である。だから、電話
でよく話を聴いてあげて、気持ちが落ちつけばそれはよい治療であ
るし、心病む人への電話相談の目的は達せられたといってよい。

⑱　コーラーとうまく関係のつかない場合がある。「わかった」といい
ながら同じことを繰り返してばかりいて、先へ進まないことがある。
そういう時は、「私は疲れた、お互いに一休みしましょうよ」とか、
「他に待っている電話が入っているから、またかけてください」といっ
て電話を切ってもよい。

⑲　統合失調症の病名を提唱したＥ・ブロイラーは、「どんな困難なこ
とでも、患者は正常者であるとして語りかけねばならない。このこ
とにより患者は私たちと同じように理解し、考え、感じるようになる」
といっている。心病む人とは、統合失調症の人だけではないが、誰
にでも当てはまる相談員の本質に触れる言葉である。

３．うつ病・抑うつ状態の人からの電話

　うつ病は、抑うつ気分（悲哀）と、それに伴う思考と行動の抑制が主
な症状である。これは感情の障害や身体感覚の異常として現れる。また、
しばしば認知障害や離人症状（現実感を失う）として訴えられる。次第
に悲哀感情が強くなり、絶望感を持つようになる。思考は抑制・制止され、
だんだん思考内容も悲観的・厭世的・虚無的となり、劣等感・自責の念
が高まる。これらが高度になると、抑うつ性妄想に発展し、心気妄想（重
篤な不治の病気にかかったと思い込む妄想）・罪業妄想（罪深い考えや
行為をしていると思い込み自分を責める妄想）・貧困妄想（事実に反し

て経済的に困窮するとか、事業が倒産すると思い込む妄想）・微小妄想（自己の能力・健康・財産・地位・業績などを過少に評価する妄想）などが生じてくる。この結果、自殺を試みる行為がしばしば生ずる。

　原因としては、身体的・心理的・社会的因子がからみ合って発症すると考えられている。病前性格としては、社交的・善良・親切・温厚（E・クレッチマー）、仕事熱心・凝り性・徹底的・正直・几帳面・強い義務感・責任感（下田光造）、几帳面・変化に対する柔軟性に乏しい（H・テレンバッハ）などが考えられている。

　誘因・状況因としては、かけがえのない人・物・状況を失ったことがきっかけになって発症する。これには性差があるようで、男性は職業上のこと、女性は家庭的なことが多いという研究もある。

　こういううつ病・抑うつ状態の人からの電話に対して、どのように応対したらよいのだろうか。まず、このような状態の人は「私のこの苦しみ、私のいうことはどうせわかりっこない」ということが多い。しかし、相談電話にかけてきたということは、「それにもかかわらずわかって欲しい」という気持ちがあるからである。何といわれても、あきらめずにわかろうとして聴くことである。このあきらめずに一生懸命に聴くという態度が相手を支えることになる。「そんなことはあり得ない」とか「そんなこと考えずに」「がんばって」などという言葉は禁句である。「そんなことあり得ない」「そんなこと考えずに」ということは、自分の考えを否定されたこと・自分を否定されたことであるし、「がんばって」という励ましは、「今ですらこんなにがんばっているのに、もっとがんばれっていうのか。もうがんばれない」という気持ちにさせるだけであろう。

　そこで、眠れるのか・食欲はどうか、などといった生活一般について尋ね、「私だけではわからないので、専門家に相談してみてはいかがですか？」といい、病院へ行くことをすすめる。うつ病に対する薬物療法

も進んでいるので、もしもまだ病院に行っていない人ならば、「必ず治るから医学的治療を受けてごらんなさい」といい、病院から投薬されている人ならば、「もうしばらく薬を飲んでごらんなさい」とすすめる。

しかし、実存的うつ病（誰が考えても「うつ」にならざるを得ないという実存のレベルの問題、たとえば「自分は末期ガンを告知された」など）の場合は、抗うつ剤の効果はあまりないので、カウンセリングにおける "withness（ともに在る）" という態度で、魂の看取りをするつもりで電話につき合うことが必要である。これは、まさに相談員の人間性・人格が問われる場面であって、技術や方法の問題ではない。

話の中で、「あまりつらくて自殺しようと考えたことはありませんでしたか？」と尋ねることも必要である。すると、「あった」と答える人が多い。そこで「絶対に自殺してはいけない。死にたくなったらまた電話をかけてください」という。コーラーに「絶対自殺はしない」と、口に出していってもらうことが大切である。病前性格が真面目で責任感が強い人が多いので、この約束は自殺防止に役立つ。

4．了解しにくい話をする人からの電話

話のつじつまが合わず、何を話したいのかわかりにくい電話がある。これには、古いタイプの統合失調症で思考障害のある場合や、脳に器質性の疾患がある場合がある。話が飛んでいるようで、途切れているようで、つながらない感じがする。堂々巡りになってしまう。そういう話はいつまで聴いていても終わらない。そのうち、相談員の側が「こんな聴き方をしていていいのだろうか」と不安になってくる。コーラーは、今まで誰に話してもゆっくり聴いてもらえなかったのが今回は一生懸命聴いてくれるので、嬉しくなって話し続けているのであろう。しかし、相談員のほうの注意持続にも限界があるので、あるところで（1時間を越えるあたりで）「あなたの話したい気持ちはよくわかったが、私は疲れ

てあなたのいうことがよくわからなくなったので、今日はこれくらいにして、また電話ください」といって電話を切ったほうがよいと思う。ただ、電話を切る前に、病院での受診を続けるようにすすめることはいうまでもない。しかし、医療専門家でない相談員が、まだ受診していないコーラーにあまり軽々しく精神科病院の受診をすすめるのは人権上問題である。「私は医師ではないのでよくわかりませんので、専門の先生に話してみてはどうですか」という程度にしておいたほうがよい。

　話の中に出てきた問題は解決するわけではないが、それほどの時間、ゆっくり、一生懸命に理解しようと聴いてもらえたということは、その人の情緒を安定させ、行動を一時的にせよ改善させるはずである。このことは、忙しい医師などの医療関係者に代わって、よい治療的働きをしたことになる。

　電話相談という他者援助活動は、それをもって治療が完成するものではない。本人が日常生活を少しでも平静に送ることができ、周囲にいる関係者とよい人間関係を少しでも回復できれば、その役割を充分果たしたといえよう。

　結局、相手の話したい欲求をある程度満足させ、相談員のほうも「燃え尽きないように」気をつけることが肝要である。

5．境界性パーソナリティ障害と思われる人からの電話

　境界例の概念については、古くは神経症と統合失調症との境界、あるいは、このいずれの疾患の特徴を一部分ずつ持ち、どちらとも診断のつけにくい状態の人を指していた。しかし、1980年代になって、パーソナリティ障害の中の一つとして位置づけられた。すなわち、精神障害の中の一疾患、性格の著しい偏りとみなされたのである。

　その特徴は以下に示す通りである（DSM−Ⅳ による）。

　境界性パーソナリティ障害は、対人関係・自己像・感情の不安定およ

び著しい衝動性の広範な様式で、成人期早期に始まり、種々の状況で明らかになる。その特徴は、以下のうち五つ（またはそれ以上）で示される（ただし、①と④には⑤を含めないこと）。

①　現実に、または想像の中で見捨てられることを避けようとする、激しい、常識では考えられないほどの努力。

②　理想化と、こき下ろしとの両極端を揺れ動くことによって特徴づけられる、不安定で激しい対人関係様式。

③　同一性障害：著明で持続的な、不安定な自己像または自己観。

④　自己を傷つける可能性のある衝動性で、少なくとも二つの領域にわたるもの（例：浪費、性行為、物質乱用、無謀な運転・むちゃ食い）

⑤　自殺の行動、そぶり、脅し、または自傷行為の繰り返し。

⑥　顕著な気分反応性による感情不安定性（例：通常2～3時間持続し2～3日以上持続することはまれな、エピソード的に起こる強い不快気分、イライラ、または不安）。

⑦　慢性的な空虚感。

⑧　不適切で、激しい怒り、または怒りの制御の困難（例：しばしばかんしゃくを起こす、いつも怒っている、取っ組み合いの喧嘩を繰り返す）。

⑨　一過性のストレス関連性の妄想様観念、または重篤な解離性症状。
　境界例の人と関係をつけることは、専門の治療者にとっても大変困難なことである。それは、極めて長期にわたり、しかも治療者を操作しようとする難題を持ちかけるからである。時には、治療者も巻き込まれ、疲弊してしまうこともある。そこで、次にこのような人からの相談電話に対する対応の原則を述べよう。
　まず、このような人は、とにかく人との関わりを求めて電話をしてくると考えられる。このことは、話した問題の解決にはあまり興味がないといえる。それよりは自分の相手をし、一緒に悩んでくれる人を求めて

いるのである。そこで電話相談員が、具体性がなく現実性を伴わない、単なる優しさだけで接すると、かえって電話依存傾向を助長してしまうことになる。そこで、応えられる要求と応えられない要求のあることを明確に伝えることが大切になる。この点をはっきりさせないと、コーラーは自分の思い通りにしようとしてどこまでも要求してくる。電話相談という限られた関係の中では、当然ながら完璧な対応ができないはずであることを相談員自身も自覚し、相手にも伝えることが必要である。

　次に、コーラーはあくまでも自己の正当性を主張し、相談員を自分の論理に巻き込もうとする。あるいは、話題をそらして自分の気持ちから逃げ出してしまう。すなわち、問題の核心に直面することを避けようとする。したがって相談員は、執拗な依存と激しい攻撃に対して、動揺せず、巻き込まれず、しかも逃げないで直面化を図ることが必要である。　しかし、これは極めて困難な作業である。ここでいう「直面化」とは、問題点の指摘ではない、対人関係の持ち方を指示することでもない、そしてまた、甘やかしでも同情でもない。コーラーの気持ちを支持しながら核心に目を向けさせる（そのことをどう思いますか？と質問するなど）。相談員がこのような人のペースに巻き込まれてしまうと、「燃え尽き状態」になってしまうので、特に初心者の場合はスーパービジョンを受けながら対応することが必要である。

　境界例の人は、知的で、感受性も豊かで、プライドも高く、普段は普通の社会生活を送っている。そこで医療の対象になりにくく、相談やカウンセリング、あるいは電話相談に関わってくる場合が多いといえる。

6．精神障がい者(またはその家族)からの電話に対する一般的留意点

　電話の話を聴いていて気づく場合や、コーラーのほうから「私は（またはうちの○○は）精神科へ通院しています」といわれた時の一般的留意点を挙げよう。

① 　まず落ちついて話を聴く。否定も肯定もせず、何を伝えようとしているのかを充分に聴き取る。

② 　自傷・他害の危険な状態かどうかの見立てをする。

③ 　今、何に一番困っているのかを聴く。

④ 　どうなって欲しいのかを聴く。

⑤ 　充分時間をかけて聴く。

⑥ 　家人・知人・主治医などに見放されている感じがしているかどうかを尋ねる。

⑦ 　援助してくれそうな家人・知人はいるかどうか尋ねる。

⑧ 　もしコーラーが通院中ならば、病院や主治医に連絡をして、援助してもらうようにすすめる。

⑨ 　コーラーが通院していない場合で、相談員が医療機関に属していない場合は、「お困りのことはやはり専門家に相談することが一番だと思いますよ」といって、その地域の保健所（または精神保健福祉センター）へ相談に行くようにすすめる。

⑩ 　もし電話相談室に精神障がい者（またはその家族）から相談電話がかかってきた場合、どこへ紹介すればよいかという紹介先リストが用意されているならば、紹介先の電話番号や住所、受診の方法（特に緊急窓口など）を教える。

　精神障がい者からの電話だからといって、特別な聴き方があるわけではない。電話をかけてきたどのような人の話にも、誠心誠意傾聴するという原点を思い出して応対すればよいのである。どのような支離滅裂な話に対しても、信じられないような体験談に対しても、それらを忠実に聴くことが大切である。もし信じられない時やよくわからない時には、そのようにいえばよい。虚言症や作話症の人の話に対しては、一生懸命聴くことによってかえって病態を悪化させるともいわれる。しかし、今電話をかけてきた人が作話症者だと、いったい誰が判断できるだろうか。

判断が当たった時の成功よりも、外れた時の失敗のほうが何倍も罪は大きい。真剣に訴えているのに虚言ととらえられたならば、もう二度と電話をする気にはならないだろう。

　精神障がい者がなぜ電話をかけてくるのだろうか。病院へ通っていたり、入院中の人であれば当然主治医がいるはずである。また、家族もいるはずである。もしも独り暮らしであったとしても、福祉関係者が関わっているはずである。それにもかかわらず、相談電話にかけてくるのはなぜだろうか。それは、主治医・家族・福祉関係者が充分話を聴いてくれない、あるいはその人たちには話せないからではないだろうか。そこで電話相談員がゆっくりと話を聴いてあげたならば、高ぶっていた気持ちも落ちつき、沈んでいた心も明るくなるはずである。精神科専門相談でない限り、診断や治療と無縁な電話相談の存在意義がそこにあると考えられる。

　精神障がい者から助言を求められることがある。「病院や主治医を変えたい」「薬が効かない」など、話を聴いていると、病院や医師のほうに問題があるように思えたり、薬が合っていないように思われることがある。しかし、本人の話の内容は極めて主観的判断による場合が少なくない。そうだからといって精神障がい者の話はすべて信用できないということではないが、電話による情報だけでは判断できないということである。

　助言を求められると、つい応えたくなるが、不充分な情報による不正確な判断は本当の援助にはならない。医師や専門家のところで相談しようという気持ちになってもらうためには、話を充分に聴き、誠実な応対ぶりから信頼感を持ってもらうしかない。その上で、「主治医にその話をしてごらんなさい」とすすめたら行ってくれるだろう。電話相談員は、専門家へつなげるという役割を持っている。

Column

電話相談における専門家の位置

　歴史的には電話相談は後発の相談活動であるために、その実践や人材育成に関して既成の理論や技術などを援用するところから始められている。中でも、心理臨床や社会福祉の専門家の貢献は大きい。次第に「心理臨床家」が、「対話の専門家」「心の専門家」としての地位を得るようになってきたようである。

　こうしているうちに電話相談の場は、いつの間にか心理臨床の理論や技術の寄せ集めになった。電話相談員たちは何を学習すれば電話相談の役に立つのか、あれこれと模索している。サイコドラマ、ゲシュタルト療法、認知療法、来談者中心療法、交流分析、エンカウンター・グループなど混然と導入され活用されてきた。しかし、それらを導入しようとするとなかなか難しいことに気づく。たとえば来談者中心療法をベースにしようとすると、電話相談はそもそも心理臨床とは枠組みが違うことにぶつかる。時間についての継続性の保証も電話相談ではあいまいかつ混乱しているのである。

　電話相談に参与している多くの「専門家」は何か別の領域の専門家であって、「電話相談員」や「電話相談そのものの専門家」ではないことが多いようである。つまり他の分野で

蓄積された知見を基にして、研修や評価の軸を決めているということになる。それでも「人間関係をみつめたり、感性を磨いたりする」ための普遍性があるので、不満としては出にくい。阪神・淡路大震災や東日本大震災と被災後の心のケアの働きとして、「臨床心理士会」などが「電話相談」に取り組んでいる。電話での対応は、相談機関の受付としての役割から、今では積極的な支援策として位置づけられつつある。

　法律家や医師は、心理士とは別の関心を持つ。社会福祉は、社会福祉の視点と方法と倫理がある。専門家には自分の専門的立場に固執することなく、電話相談の実態に即して自分の経験の枠組みを変更しながら活用することが求められる。

　実際、電話では面接とは異なった現象が多くみられる。本格的な相談に入る前に関係が切られてしまう可能性があること、時間のコントロールがしにくいこと、精神疾患の人からの電話が急増していること、自殺の訴えが面接の数倍多いこと、移動したり食事したりしながら対話するなど、面接相談では経験しないことが起こる。発達障害やアルコールなどの問題を抱えた人たちもかけてくる。被害者だけでなくＤＶ加害者からもかかってくる。電話相談の対象は限りなく広い。

　こうした不確定な実情を前提として研修計画を設定し、対話活動の評価が行われなければ電話相談の現実と乖離してしまう可能性がある。その反対に「専門家との協働」がないと活動や人材養成の視野が広がらない。

第 8 章　感受性訓練

1．はじめに

　対人援助活動を志す者にとって欠くことのできない資質や条件というものがあるとすれば、それはいったい何であろうか。資格を伴う専門家として人と関わろうとするのであれば、当然のことながら必要な専門的知識や技術を充分身につけていることが要求されてくることは間違いない。

　しかし、電話相談のように専門家だけではなく、何の資格も持たない非専門家が多く関わる場合、専門家に求められるのと同じ知識や技術を期待するのはおそらく無理があるし、期待される者にとっても酷である。もともと電話相談という分野は、専門家と非専門家との間の敷居が低いものである。それだけに資質や条件というものがどのようなものであるのかということがあいまいになりやすい分野でもある。敷居の低さがもたらすプラスの面もあれば、マイナス面もそこにはつきまとう。しかも電話相談というと、それを仕事として行うというよりも、ボランティア活動として行われているものが少なくない。その場合には、専門性のあるなしはほとんど相談の遂行にとっては関係がないかのようにみられがちなところがある。どうかすると専門性は必要がないというような考えがつきまといやすい。

　その結果、電話での相談をどれだけ多く受けたか受けないかという、経験のあるなしを適性のバロメーターのように考えてしまうこともある。経験の多さは確かに大事なことであるが、そうなると相談を受ける側の人生経験の有無もまた問われていくことになる。経験に即した人生相談を行う電話相談も確かにある。マスメディアを使って行われる電話

相談はほとんどがそれである。

　しかし、どういうわけか電話相談員をしようとするボランティアの人たちからは、人生相談はしたくないという意見を聞くことが少なくない。どうも自分たちがしようとしているのは、あくまでもカウンセリングであって、経験に基づく人生相談ではないという気持ちが働いているようである。もしそうだとするならば、カウンセラーとして求められる資質の有無がやはり問題にされなくてはならなくなってくるだろう。

　最近、母親も先生も誰でもカウンセラーでなければいけないといった考え方が広まり、心構えとちょっとしたテクニックでカウンセラーになれるかのような錯覚も生まれている。考え方としては大切なことではあるが、カウンセリング・マインドを持つこととカウンセラーになることとはイコールではない。もともと一面識もなく信頼関係も成立していない人間同士で、カウンセリングもしくはカウンセリング的な関係を成立させるのは、そうたやすいことではないということをしっかりと認識することが大切である。

２．ボランティア活動と専門性

　ボランティアとして電話相談に携わろうとする場合に、まず要求されるのは「善意の心」の有無ということになるのかもしれない。困ったり苦しんでいる人の手助けをしたいという善意に基づく、いってみれば、「無私の心」というものの存在は、どのような場面においても人の心を揺り動かす原動力となるものである。これならば専門家であろうとなかろうと共通する条件ということになる。

　しかし、それはあくまでもボランティアとしての条件であって、電話相談に携わることの適否の条件ではない。「国境なき医師団」という国際的なボランティア組織がある。地球上のどこへでも飛んで行き、戦争や災害の被災者や難民に対する医療を無償で提供する。そこに携わる

人々にはまぎれもなく「善意の心」が存在している。しかし善意だけではなく必要な医療知識と技術があることが求められてくるし、条件ともなる。それがなければどんなに善意があろうと、かえって相手にとっては有難迷惑な動きとしてしか受け止められないということにもなりかねない。

　また、善意ほど怖いものはないと説く人もいる。なぜならば、善意は時に、それを示そうとする人にとっての正義の御旗となるからである。それを振りかざすことによって、相手に一切の異議を唱えさせることを封じてしまい、何もいわせなくさせる危険性をはらむものとなる。善意に潜む「光」と「影」というものについてしっかり見据えることをしておかないと、かえって人をより深く傷つけるものとなっていくことさえ起こり得る、ということも認識しておかねばなるまい。善意も時として余計なお世話としか感じられないことがあるということである。

　それでも善意が物理的な支援に限定されたものであるならば、「影」の存在はさしたる問題とはならないかもしれない。事と次第によってはそれを偽善として拒否し、切り捨てることも可能であるからだ。しかし、人の心の状態に対する支援ということになると、「これは偽善的だから切り捨てる」とはなかなかいいにくいし、すまされなくもなってくる。

　心のありようというのは、その人の人生の中で培ってきた体験や、そこから獲得した価値観、取り巻いている環境や状況、さらには生き方を無意識のうちにコントロールしている文化というものに反応したり、規定されたりしているものである。共通する言葉をどんなに駆使しても表現できない心のありようや、隠された意味というものがそこにはつきまとう。心の問題に関して援助をしようとした場合に、ただ善意だけに頼っていこうとすると、言葉に表された感謝の思いとは別のなかなか表に表れてこない心の動きに振り回されてしまい、やがて行き詰まってしまうことを覚悟しなくてはならない。

その辺の理屈を説明しているのが心理学的認識ということになる。心理相談の専門家という人たちは、心理学を体系的に理解し、原則としてそこの理屈がまずしっかりとたたき込まれている人たちである。人の心のサポートをしようとするのであれば、非専門家もまた心理学的認識をきちんと把握し、その辺の理屈をしっかりと理解しておくに越したことはない。

　しかし、先にも述べたように、専門家と非専門家が同等に学問的な認識を共有するということは、感覚的にはともかくとしてもなかなか難しいことである。仮にそのことを課していくとすれば、それを共有することができる能力の有無から問わなければならなくなってくる。

３．感受性能力とは何か

　もしそうだとするならば、電話相談をはじめとする心の援助をしようとする人に最低限必要とされるものは何であるのかということが、改めて問い直されなければなるまい。結局それは、関わろうとする相手の気持ちを確実に受け止めることのできる能力であり、それを可能ならしめるための感受性の有無ということになるのだろう。カウンセリングの理論的立場の違いはあっても、悩んだり苦しんでいる人の気持ちを批判的にならずにまずしっかりと受け止めることは、あらゆるカウンセリング的行為の出発点であると考えられる。それを受容的な態度という。この受容ということを可能ならしめる基本的な資質が、感受性能力のあるなしに関わってくると考えられる。

　これならば専門家であろうとなかろうと、また活動の分野が心理的なものばかりではない福祉とか教育、法律などであろうとも、共通に求められる資質といって差し支えない。

　感受性能力というのは、対人認知における重要な意味を持つものである。西田亀久夫は、グループ・ダイナミックスについて解説した本の中

で、人間の社会的成熟について次の五つの要素が存在していることを指摘している。

① 　**自己統御力**＝自己陶酔、好き嫌い、激情、興奮に対する制御能力。

② 　**自己省察力**＝自分を客観的に認識する能力で、独善化・英雄化、劣等意識を克服するのに必要。

③ 　**対人認知力**＝他人の心情・欲求を認識する能力で、会話の根底をなすもの。

④ 　**現実的判断力**＝過去・現在・未来の統一的な観点から、今の状況を正しくとらえ、自分を位置づけること。

⑤ 　**実践的技術**＝現実的判断に基づき、自己の行動のプログラムを合理的に設定する能力。

　人が社会的生活を円滑に営むためには、ここに挙げられているような能力を獲得しておくことが必要とされているのは間違いない。特に、③に示される対人認知能力が人間関係を円滑に運ぶ鍵となることは明らかである。感受性というのは、そのような対人認知能力の前提となる。他者から発せられる刺激を自らの内的世界に受け止める力ということになる。ここでいう刺激とは、言葉を媒介とする刺激にとどまらない。言葉による刺激に対してはまず理解力が必要とされる。それを可能にするための知的能力がある程度備わっていることも求められてくる。

　しかし、他者から与えられる刺激というのは、言葉を媒介とするものばかりではない。言葉以外で与えられる刺激を感覚的に受け止めることこそ、感受性能力の中核にあるといってよいだろう。先にそれを資質として表現したが、それを生まれながらにして持っている天性として求められるだけではなく、後天的にも育てることが可能なものとして考えてみたい。

4．対人関係能力の必要な理由

　生きものはそれぞれ自らの生命体を維持していくために、外界から与えられるさまざまな刺激を都合よく取り込んでいく感覚的能力が備えられていると考えられる。たとえば、肉食動物の多くは餌食とするものを遠距離から嗅ぎ分けるために、優れた嗅覚能力を保持している。その一方では、外敵に襲われないように遙か遠くの物音を聴き分ける聴覚能力が備えられている動物も少なくない。自らが餌食となる可能性の高い草食動物ほどその能力は高いとされる。これらの能力というのは、もっぱら自己保存もしくは自己防衛のために、長い時間をかけて遺伝子の中に組み込まれていった能力である。

　人間もまた、自然界の一部としての生活を維持していた時代には、外敵から身を守るために、おそらく現存するよりも遙かに高いレベルでそれらの感覚能力を保持していたに違いない。だが自然に即した生活から遠ざかるにつれ、人間はそうした能力の多くを減衰させてしまったと考えられる。身体に備えられている識別能力を働かせるのではなく、さまざまな物理的道具を発明することにより、その代わりをさせることが可能となり、そのことによってもともと身体的に備えられていた能力をさらに減衰させてしまったと考えられる。

　ところで人間は、外敵から身を守り、自己保存に役立てるために必要な身体感覚機能を備えているばかりではなく、進化の過程においてもう一つの大切な能力を身につけるようになったことに注目しておかなければならない。それは人間同士における関係性を認識し、不必要な摩擦を生じさせないための能力と呼ぶべきものである。

　よく、人間は社会的動物であるといわれる。これはいい換えると、人間は他者との集団生活を営む上で、関係性を維持することによって存在の基盤を確保している動物であるということになる。そのため人間は他の動物には類をみないほど、人間同士における他者との関係性に対して

敏感である。人間以外の動物の多くが、自らにとって対立する存在か否か、わかりやすくいえば敵か味方かという程度の関係性しか重視しないのに比べると、人間同士での関係性のとらえ方は実に複雑である。そのために、自分と周囲の人間とがどのような関係にあるのかということを細かく識別する言葉を持っている。

　家族の中での関係性、それを取り巻く血縁関係、居住する地域社会における関係性、学校での人間関係、職場での関係性などさまざまな識別する言葉を用いて、どのような関係性がそこに存在しているのかを認識しようとする。あらゆる動きがそこから生まれてくる。考えてみれば、私たちが朝夕のラッシュ時間に満員電車やバスに平気で乗っていられるのは、そこで接する人々のほとんどが自分とは無関係であるという関係意識が働いているからに他ならないだろう。もしも、同じ車両に乗り合わせた周囲の人々が、皆自分と何らかの関係があることを想定するならば、私たちは満員電車やバスの中にとどまっているということはかなりつらいことになる。何とも落ち着かない状態でいるに違いない。関係性に対する意識が強く存在すればするほど、そこに生ずるかもしれない摩擦を回避させたいとする気持ちが働いたり、相手との間合いを気にして心が落ち着かなくなってくるからである。

　このようにみていくと、人間は他の動物のように物理的に距離がある相手に対して、自らにとって利害のある存在であるのかどうかを素早く識別する能力を失っていった代わりに、そこに存在している関係性に対する距離感を素早く識別する能力を次第に獲得していったと考えることができる。それは心理的距離感覚と呼ぶべき感覚であろう。他者に対する心理的距離感を見誤らないことこそ、人間関係を安定したものとし、不安を軽減させることになった。この心理的距離感を見極めるには、相手の考えていることや感じていることなどをできるだけ速やかにきちんと受け止め、正確に理解し対処することが必要となってくる。そして、

こちらの伝えたいことを的確に相手にわかってもらえるように伝えることも必要になる。そのために言葉を介してのコミュニケーション能力を高めることを人は必要とした。しかし、心理的距離感を認識するには、言葉を媒介とするコミュニケーション（バーバル・コミュニケーション）能力が高められるだけでは充分ではない。

5.「察する」ことと「コミュニケーション能力」

　言葉を媒介としたコミュニケーション以外にも、人は絶え間なくメッセージを発し続けている。それをどうやって受け止めていくことができるかということが、心理的距離感にとってはやはり必要である。言葉に表現されない「思い」を人間はさまざまなやり方で表現しようとする。目つきやしぐさ、行動や態度、かもし出される雰囲気、言葉の抑揚や調子、さらに服装であるとか装飾、髪型や化粧、香水の匂いまでもが相手に伝えようとするメッセージの役割を果たす。

　このように、言葉以外のところから相手に伝えられるメッセージというのは決して少なくない。こうした伝達の方法をノン・バーバル・コミュニケーションとか、メタ・コミュニケーションの世界と呼ぶ。言語化されない「思い」の世界を受け止める力を、日本では従来「察する」と呼んできた。人間関係を築き維持する上で、言葉によるコミュニケーションというものがあまり重視されていなかった日本社会においては、「察する能力」というのは非常に大切なものと考えられてきたといえる。「察し」の悪い人間は、人間関係がいつもギクシャクしやすいといっても過言ではなかった。

　ある心理学者が、「察する能力」というのは「感受性能力」と非常に近いのではないかという指摘をしたことがある。私もそれには同感である。感受性能力というのは、言葉から理解できる意味を把握するだけでなく、言語化されないところから伝わってくる「心の思い」を正確に受

け止める力を指す言葉であるといえる。言葉により伝えられる意味よりも、その言葉の端々から伝わってくる「棘」のようなものが大きな意味を持っているというようなことは決して少なくない。その逆に厳しい言葉の表現の裏に「思いやり」であるとか「温かさ」が感じられることもある。言葉のやりとりだけに終始し、そうした「棘」や「思いやり」を感じることができなければ、お互いの関係はあやふやなものでしかない。

　日本人の対人関係能力は、欧米人に比べると言葉によるコミュニケーションが少なかった分、これまでは「察する力」を磨いていたとも考えられる。ということは、感受性能力を嫌でも高めなくてはならなかった社会であったと考えられる。つまり日本人は、従来生活感覚の中に感受性能力というものをたくさん蓄えていたのであろう。

　今カウンセラーのように、心の援助をする人が持つことを求められる基礎的な資質を、日本という環境自体が磨いていたといえそうである。だから、日本という国はあえてカウンセラーのような存在をそれほど必要としなかったのかもしれない。ともすると、「察する」という行為を否定的にとらえる傾向が今日の日本社会にはみられるが、もう少しこの能力を肯定的にみていく必要もありそうな気がする。

　人間関係において、コミュニケーション能力を高めることは大切なことである。しかし、コミュニケーション能力というのは、必ずしも心の中にあるものすべてを言葉という形に置き換えることで完結される能力ではない。これまで述べてきたように、相手に対して発せられるメッセージは言葉以外のところでも頻繁に発せられているということをしっかりと自覚しておきたい。

　アイ・コンタクトは対人関係においてしばしば重要な役割をとる。恋する者同士がじっとみつめ合うことで、お互いの気持ちを受け止め合うことは決して不自然なことではない。言葉以上に意思を通わせることにもなる。日本人的なアイ・コンタクトを示す言葉の中には「流し目」と

呼ばれるものがある。しかし、非言語的な関わり方が重視されていた日本的な文化や価値意識が薄れ、欧米型の言葉によるコミュニケーションが重みを持つようになるにつれ、察する力というものも次第に弱くなり、感受性もまた次第にその力を弱めていってしまったのではないかと最近思うことが多い。言葉による自己表現は確かに豊かになっているが、「言語化されない思いの世界」を受け止める力はかなり弱くなっているといえるのではないだろうか。とするならば、それをどうやって受け止めることが可能であるのか、受け止める力をどうすれば育むことができるのかということを考えなければなるまい。そこに感受性訓練なるものの考え方と方法が登場したとみることができそうである。コミュニケーションを重視するアメリカ社会の中でその方法が開発されてきたことも注目しておく必要がある。言語的コミュニケーションの限界に早くから気づいていたからに他ならないとも考えられる。

6.「感じる力」と「思い込み」

　ある女性歌手が結婚することになった相手からビビビッと感じるものがあったと語っていた。相手からビビビッと伝わってくるものを感じ取る力というのは、人間関係にとって確かに大切なものである。この歌手の言葉をそのまま受け止めるとするならば、この人は相当感受性の高い人であるとみることができよう。しかし、「感じる」ことの裏には常に「思い込み」がつきまといやすい。思い込みが激しいと相手を誤解することになり、かえって人間関係を危機に直面させることにもなる。

　感じる力を高めるとともに、思い込みによる誤解を取り除くための方策というものが必要になってくる。対人援助を志す人にとって、察する力を育てると同時に、それが単なる思い込みにならないようにすることこそ感受性能力を開発することである。そうした留意点を踏まえながら感受性を高めるための訓練のいくつかを示しておきたい。

７．感受性訓練の実際

　感受性を高めるにはいったいどうすればよいのだろうか。そのアプローチの仕方としては二つのやり方が考えられる。一つはこれまで述べてきたように、「言語化されない思いの世界」を受け止めることである。その前提となるのは、人が外からの刺激を取り入れる感覚器官の働きをまずチェックすることから始めることである。

　人間には五つの感覚機能＋第六感の働きがあるといわれる。この五つの感覚までは身体感覚である。視覚、聴覚、嗅覚、触覚、味覚がそれである。これらの感覚機能を作動させながら、私たちは外界と関わりを求めていく。外から入ってくる刺激をできるだけ多く取り入れることができれば、それだけ外界との関わりは豊かなものになっていき、目の前にある対象への理解を深めることになる。自分がいったいどれだけ外界からの刺激を受け止めることができるのか、ということを確かめてみることから始めることである。

[感覚機能の自覚と気づきのためのエクササイズ]

⑴　聴くこと・みること・触れること

　できるだけ合宿形式で行う「感受性訓練」の最初にまず行ってみるとよい。人数としては 6 〜 8 人程度のグループ単位が何グループあってもかまわない。次のような教示をまず行う。

　「自然環境の中に身を置き、静かに目を閉じてみます。そして耳に届く音に心を傾けてみましょう。多忙さや喧騒の生活に追われていると聞き逃していたさまざまな音声に、私たちは包まれていることに気がつくはずです。虫や鳥や動物の声、人の話し声、足音、風に揺らぐ草木の葉音、川のせせらぎ、遠くに聞こえる列車の汽笛など。いったいいくつの音声を聞き分けることができるでしょうか。一定の時間内に聞こえたものをすべて書きとめ、他の人と比較してみましょう。何日

も繰り返しそれをやっていくうちに、それまで聞き逃していた音が耳に届くようになってくるはずです。

　同じように、今度は目をしっかりと開き、周囲を見渡してみましょう。何がみえるでしょうか。木の肌や葉っぱが、方角により微妙に色合いが異なっていることに気がつくでしょうか。木漏れ日や形を変えながら流れていく雲の様子、土や葉の陰に見間違うような色をしてひっそりと潜んでいる虫たちなどなど。これもまた一定の時間の中で、どれだけ発見することができるでしょうか。

　その他の感覚器官の働きも確かめてみましょう。風に匂いがあるのがわかりますか。どこからか香る花の匂い、草や土の匂い、遠い雪雲が運んでくる雪の匂いなど。肌を刺す風の冷たさ、太陽の温かさ、川の水の冷たさ、草花のしっとりとした感覚、葉毛の柔らかい感覚などなど。身体に伝わってくる感覚の違いをできるだけ多く確かめることです。

　音には絶対音感と呼ばれる領域があるとされています。正確に音をとらえる能力とすれば、他の感覚機能にもそれはあるのかもしれません。ワインや新酒の味覚のテストをする人たちは、そうした絶対能力を備えた人たちなのかもしれません。感受性能力というものが、感覚器官を通して入ってくる外の刺激を正確にとらえることから始まると考えるならば、訓練をすることによりそうした能力を高めることは大切なことであるといえるでしょう」

この教示の後、次の手順により実行してみる。

① 各グループごとに目的・課題・方法の確認を行う。各自はそれぞれ筆記用具のみを持参する。

② 実施する時は、グループ単位ではなく一人一人別々に分かれて行動し、途中で仲間や他のグループの人と会うことがあっても一切の会話を厳禁とする。あまりあちこち動き回らずに、自分のポジションを決

めて、一定の空間の中でじっとしている時に自分の感覚器官が受け止
めたものを記録するようにさせる。時間は30分以上が適当。

③　終わったらグループごとに集まり、各人の受け止めたものを紙に一
覧表にして書き出し、比較してみる。自分には受け止められなかった
ものがあることを認識し、合宿の間にそれを受け止めることができる
のか、自分で何回でも確かめてみる。

《留意点》

　この練習は身体感覚能力が健常値の範囲にあることが実施の条件にな
る。しかし、たとえば視覚障がい者が参加している場合には、聴覚的な
ものだけに絞ってやってみるのもよい。ある感覚機能が遮断されると、
他の感覚機能が高まることが指摘されている。そうしたことも実際に確
かめられるだろう。

⑵　ブラインド・タッチ

　2人で一組になり、向き合う姿勢をとる。立ったままでも座っていて
もどちらでもよい。手を伸ばせばお互いに触れることのできる位置にい
る。一方の人が目を閉じ、手を伸ばして相手の手、腕、肩、顔などに触
れてみる。他方の人は目を開けたまま相手の手を誘導してもかまわない。
視覚的にとらえているその人とはまた違う感覚でその人を受け止めるこ
とになる。3〜5分経ったら交代してみる。

《留意点》

　他人に身体を触れられることに対して抵抗感を持つ人も少なくない。
意図を充分に説明し、納得してもらってから進めることが大切である。
抵抗感のある人には、無理にやらせることは禁物である。嫌な気持ちが
残るような訓練は無意味となる。また、基本的には異性同士でペアを組
むことも避けたほうがよい。

[不安への気づきのためのエクササイズ]

⑶　ブラインド・ウォーク

　ある感覚を遮断することにより生じる不安や心の動きを体験するものである。ブラインド・タッチの延長に行われる。このエクササイズは、視覚障がい者の理解やサポートの仕方を学ぶといった目的で看護や福祉の練習にもよく使われているが、ここでは感受性訓練の一環として行ってみる。

　まず、2人一組でペアを作る。この場合は異性同士でもかまわない。片方の人が手ぬぐいなどで目隠しをし視覚を遮断する。その状態でいろいろな空間を動き回るのだが、もう一方の人はその人のエスコート役として、危険のないように支援をする。手をつないでもかまわないし、肩に手をやって支えてあげてもよい。言葉を使ってももちろんかまわない。視覚障害のある人のエスコートの仕方を学ぶ目的ではないので、そうしたマニュアルにこだわる必要はない。

　部屋の中だけでなく外にも出てみる。階段の上り下りやエレベーターに乗るといった体験もするとよい。屋内外の出入りも体験したり、できれば車の往来のある道路に立ってみることも体験としては大切である。しかしくれぐれも危険のないように、エスコート役は気をつけなければいけない。歩き回る途中でドアや壁、水道の蛇口、木や草など、手を触れることができるものに触れてみる。

　この訓練は、目隠しをしている人とエスコートしている人のそれぞれに課題がある。目隠しをしている人はそのままではまったく身動きがとれない状態であり、かろうじてエスコート役に助けられて動くことができる。心の中には不安がいっぱいのはずである。その不安をどうやって相手にわからせ、安心できるようにするかがまず課題となる。エスコート役の人は相手のそうした不安を感じ取り、どのように導けばその不安を少しでも軽減することになるのかが課題となる。言葉だけでなく身体

から伝わる不安や安堵の気持ちを確かめてみたい。20 〜 30 分で交代して体験してみることにする。お互いの信頼感が必要なことに気がつくことと思う。

《留意点》

　自分の安全を他人に委ねるということはなかなか難しいことである。相手に対する信頼感がまずなければならない。委ねられたほうの気持ちとしても、委ねられても困るとか、少しでも荷が重いという気持ちがあるとしたら、お互いの気持ちの間に隙間ができてしまう。ブラインド・ウォークを実施する前に、他人に身を委ねることの怖さと、守られたということを実感できた時の喜びを体験してみるといいだろう。

　ウォーミングアップとして役立つエクササイズをいくつか紹介しておく。

①　2 人一組になる。2 人とも同じ方向を向いて、間隔を 1 ｍほど空けて立つ。前に立った人は両足を揃え動かさないようにして、そのままの状態で上半身だけを少しずつ後ろに倒していく。両足の位置はそのまま。できるだけ腰を落とさないように、後ろにのけぞるように頭を落としていく。そのまま続ければ後ろ向きに倒れ頭を床に強打させることになる。そうならないように、後ろの人は倒れてくる前の人を両腕でしっかりと支えてあげなければならない。首だけを支えようとするのは無理。相手の肩のあたりをしっかりと支えるようにすることが大切である。終わった後で全員が感想を述べること。

②　8 人一組になる。その中の 1 人は仰向けになって床に横たわる。そして 6 人がその人の周りを取り囲むようにして立ち、身体の下に手を差し入れる。頭の下に手を入れた人、左右の肩にそれぞれ手を入れた人、腰の下に手を入れた人、左右の膝あたりに手を入れた人、合計 6 人がその人の身体の下に手を差し入れる。残った 1 人の号令で、少しずつその両腕を上に持ち上げ、横たわっている人の身体を空中に浮か

せてみる。6人が手をいっぱい上に突き出した位置まで身体を持ち上げてみる。全員が体験し、その時の感じを皆で話し合うことが大切。

⑷ **アイ・コンタクト**

2人一組となり、お互いに向き合う。じっと相手の目をみつめ、相手の心の中にあるものがどのように表れているかを感じてみる。最初は10秒間、次に30秒間、1分間、3分間というように延ばしてみる。終わった後でお互いに感じたことを表現し、相手と充分に確かめてみることが大切である。この訓練は対人恐怖感の強い人にはきついと思われるので、無理にさせることは慎む。

8. 感受性訓練とトレーナー

こうした訓練を行うことにより、人の心を受け止めることの難しさにかなり気がつくことと思う。訓練は通常8〜12人程度の小集団で行う。感受性訓練を目的として作られるグループのことを、Tグループ（Basic Skills Training Group）と呼んでいる。訓練目的で編成されるグループであるから、はじめからよく知っている者同士ではなく、なるべく知らない者同士や異質な存在同士の組み合わせを考慮して編成されることが望ましい。感受性訓練の場においては、社会的経験の有無であるとか、社会的ステータスの上下、年齢の高低といったものは原則として考えないで、あくまでも訓練生として同等であることを確認する必要がある。人格としての平等性をしっかりと認識することも感受性訓練の目的の一つである。

Tグループには指導・助言をする立場の主トレーナーがつくが、副トレーナー（サブ・トレーナー）がつくこともある。Tグループというのは一定の課題を達成することが目的であるから、トレーナーはプログラムのねらいや手順に沿って、グループの展開に積極的に関わることが求められる。

　エンカウンター・グループ（出会いのグループ）におけるファシリテーター（グループの促進者）のように、なるべく陰に退いて表には出ず、グループの自然な流れに委ねるという位置づけがなされるグループ体験もある。しかし、自己への気づきに終わらせず、必要な能力の開発や育成を図ることを目的として行うグループ体験の場合には、そうしたファシリテーターとはかなり異なる動きをしなければならない。

　特に求められることとしては、

① 　課題・目的・方法を明確にすること。エクササイズによっては目的やねらいを最初は明らかにせず、課題と方法だけを示し、実行した後でねらいを明らかにするものもある。

② 　プログラムの途中で質問したり、疑問を投げかけたり、フィードバックを行うこともある。

③ 　課題に対する振り返りを充分に行い、フィードバックを行う。その際、メンバーの一人一人に気づいたことや感じたことを充分に語ってもらうことを省略してはならない。

　このような役割を課せられたトレーナーは、事前にグループ・メンバーの概要を掌握しておくことが必要である。あらかじめ揃えられているデータ（自分史、性格検査、社会的経験、志望動機など）があれば目を通しておき、それぞれに必要と考えられる課題の設定、課題達成に役立つと思われるプログラムの選定などを行うのである。できればプログラムに入る前に、トレーナーは参加メンバーと面接し、本人の希望などを聴くことをしたいものである。

　これらのデータ把握や面接により、場合によってはＴグループの体験をすることが本人にとってかえってマイナスになると判断されることがある。精神的なストレス状況にあり自我水準が下がっている場合や、深刻な葛藤を抱えている場合などがそれである。その場合は、その理由を説明し、回復がなされた後で参加するよう説得することも大切である。

9．さいごに

　以上、電話相談員の感受性訓練としてのプログラムのいくつかを紹介したが、訓練目的に使われるエクササイズとしては、この他にノン・バーバル・ゲームである「はなぶさフィギュア」であるとか、コンセンサス・ゲームとして知られる「若い女性と水夫」「12人の怒れる男」などがよく用いられている。また、ある映画やビデオをみせて感想を述べさせるとか、途中までしかみせずに先を予測させるといったやり方を工夫した例もある。ファンタジックな音楽を聴かせ、浮かんだイメージを各々描かせた後、メンバー相互で感想を述べ合うといった方法もある。いろいろ工夫してみたいものである。

　人間関係トレーニングに適したものとして、株式会社プレスタイム発行の『ＣＨＲ（Creative Human Relations）8分冊』[注2]（8巻セット）に、感受性訓練に向くエクササイズが多数収録されているので参考にするといいだろう。

（注2）『ＣＨＲ（Creative Human Relations）8分冊』
　人間関係トレーニングのバイブルといわれている『Creative O.D.（クリエイティブ・オーディー）―人間のための組織開発シリーズ―』全5巻の中から、使いやすく、かつ効果的な「実習（エクササイズ）」や「小講義」を選択し、トレーニングの領域ごとに再編集し加筆したもの

第 9 章 電話相談とネット相談

（オンラインカウンセリング、メール相談）

1．はじめに

　2017 年 10 月末に「座間市」で男女 9 人の連続殺人事件が発覚した。その際に用いられたのは SNS（ソーシャルネットワークシステム）という仕組みである。被害者の多くは「死にたい」とメッセージを書き込み、そして犯人は「手伝います」「一緒に死にましょう」と応答。結果、被害者たちは犯人に接触し殺害されてしまったのである。現在は簡単に参加し交流することができる SNS として「ミクシィ」「ライン」「ツイッター」「フェイスブック」「インスタグラム」「TikTok」などが人々に広く利用されている。

　既存の電話相談機関にとってこのようなツールが注目されるようになった要因は、近年 10 代 20 代からの電話相談が大幅に減少しているからである。つまり「若者」は電話よりも「ネット」上の「メール」や「SNS」の活用に傾斜しているようである。

2．電話相談とネット相談

　ここで、少しだけ「電話相談」と「ネット相談」の違いに触れておこう。双方に共通しているのは相談する時に「場」を共有しないことである。地理的に離れた人との交流が可能であり、地理的に離れていることが心理的安全感につながると考えられている。

　「電話相談」は「場」は共有しないが、「今」という「時間」を共有する。一方ネット相談は「場」も「時間」も共有しない。やりとりに一定の遅延があり、ある程度の「間」があるのが普通である。相談が届いてから読み込んで、返信をするのにそれなりの時間が必要で、チャット方式（＝

リアルタイムで文章による会話する方式）や SNS の場合でも、電話による応答とは異なり文字化する時間を要する。相手についての手がかりや個人情報の点で「匿名性」はネット相談のほうがより高くなる。

　電話は基本的に「音声情報」を伝達する装置である。一方「ネット」上のツールは「文字情報」を伝達する。電話では「声」によって「体温」や「リズム」「気分」が伝えられる。私たちは「声」によって「弟の声」「母の声」などと識別する。もちろん相談においては「生」の人間が行うため、相談員には相手の気分や精神状態に沿った対話・対応が求められる。電話相談の場合には双方にいわば最低限のマナーが働くのである。中には、怒鳴り立てて「ガチャン」と切ってしまう人もいるが、基本的には相談が成立するためには「訴えの語り」が必要となる。訴えの語りを通じてその人の「歴史」「葛藤や苦悩」「相談への期待」などが伝達される。

　多くの電話相談機関においては「共感的」な対応が基本なので、両者の疎通性は高まることが期待される。しかし、近年の「若者」は相手に過剰に気遣わなければならないと思い込む傾向が強いため、うまく話を進めることに困難さを感じてしまうようだ。「コミュ障（コミュニケーション障害）」だと多くの若者は自分をとらえてしまう。相談するにも「コミュニケーション」が必要なので、声でのやりとりは回避される傾向にある。

　若者は「相手の負担にならないように」とか「相手を楽しませなければならない」と思う傾向があるので、特に自分に近い人たちに負担をかけたくない、嫌われたくないと思うようである。対話に少しでも「間（ま）」があることは相手に「嫌われる」と感じるので「間（ま）」を恐れる。対話をするということは「話題」も「感情」も相手に提示することに他ならないし、相手の気分を壊さないようにしなければならないと思うあまり「話す」よりも「文字で伝える」ことのほうを選択するのである。文字でこちらの情報を一方的に伝えたほうが「楽だ」と感じるよ

うだ。相手の空いた時間に読んでくれればよいということで相手を束縛する感覚を感じずにすむ。その意味ではネットでの交流は相手の状態を気にすることが少ないのである。

「ネット相談」では自分の書きたいことを書きたいように書けばよいので、安心だし、楽なのである。深夜など時間帯を気にすることなく無言のままクリック一つでこちらの気持ちを相手に届けられる。人と対話することが困難な人には便利である。

「ネット」のほうが「電話」よりも、「電話」のほうが「面接」よりも「匿名性」が高くなる。過剰に相手の都合を気にするあまり「これから電話をしてもいいですか」とメールを送信し、相手からの返信を確認してから電話をする若者が増えている。これは彼らなりの「配慮」の一つなのである。

ネットではやりとりに時間差がある。しかし、相手とのやりとりが文字で記録として手元に残るので、何度でも内容を気のすむまで反すうし、確認できるのである。

文章を書くということはある程度筋道を立てて書く必要がある。「これで相手にこちらの気持ちを伝えることができるか」、「自分の意志を伝えられたか」と再確認することになるので、話す時よりも自分を客観視する。自分の気に入るように何度でも書き直すことができる。話し言葉よりも文字で伝えるほうがもどかしいものだが、自分のペースで進めることができるので安心や気楽さを感じるのである。

対面式の相談や電話による相談に「圧力」「拘束」を感じたり「意にそぐわない苦痛な経験」をしている人にとって、自分のペースで書いたり伝えたりできるメールは、自己表現としてよい効果をもたらす。反対に「書く」という行為が苦手な人にとっては、適切な手段ではないともいえる。少なくとも「聴覚」や「発声」に不具合を感じている人にとっては、大いに助けになるのである。

3．ネット相談の利点と難しさ

　利点としては、何といっても、

① 　面接相談に比べてそれほど部屋の広さを必要としない。

② 　家具装飾品などの準備も必要としないので、面接空間を確保する
　よりもはるかに安価ですますことができる。

③ 　時間に特別の拘束がないので、スケジュール管理や調整が柔軟に
　行える。

④ 　記録は機械的に保存されるので、保管や管理に利便性がある。

⑤ 　過去の資料や内容についての検索や保存が、比較的楽にできる。

⑥ 　一カ所に集合しなくても相談員はどこからでも返信することがで
　きるので、他の人との間で緊張や葛藤を感じなくてもすむ。

などが想定される。

　反対に、困難さとしては、

① 　感情や考えを含めて伝えたいことを文字にする必要があり、表情
　や感情に伝わりにくさがある。

② 　相談員が孤立しやすく、仲間のサポートが届きにくい。

③ 　地理的に離れた場所にいる相談者に対して、危機状況に対応しに
　くい。

④ 　双方の信頼性を確認しづらい。

⑤ 　雰囲気や態度などからの診断がしにくいので、問題の焦点が絞り
　にくい。

　その他にも留意すべき点があるので追記しておく。

① 　相談者（相談文を書いた人）の気分や状況がつかみにくい。

② 　相談者の気持ちがつかみにくい、緊迫度が伝わりにくい。

③ 　相談員に対する言語化されていない信頼度や抵抗がつかみにく
　い。

④ 　相談者が書いていないことに相談員の関心を向けにくい。

⑤　時間差が生じてしまうので緊急対応には限界がある。

⑥　相手が目の前にいないので、相談員は緊張感を維持しにくい。

⑦　限られた情報で判断するので相談員の偏見や独断が働きやすい。

などが想定される。

　できるだけ公平に、かつ冷静に相談への返信文を書こうと努めるが、相手を全体として感じにくいため部分的な把握になりがちである。この限界を克服するための共同討議システムが求められる。これにより、相談文を読む一人一人の理解や判断には偏見や思い込みが働くので、他の相談員と自分の受け取り方を確認・点検することでひずみを克服しやすくなり、またネット相談の時間差があるという特性を生かす意味もある。

4．オンライン上のピアサポート

　第3章でも触れているが、近年では「電話相談」だけではなく、「ネット相談」の形式でもさまざまな交流が行われている。「アルコール依存」「薬物依存」「パニック障害」などの精神的問題から、「アダルトチルドレン」「LGBT」「死別体験」や「犯罪被害」など、多彩に活動が行われている。当初は「不登校」「ひきこもり」へのサポートから始められ、徐々に同じ悩みを抱える人が集まって対話するようになっており、支援者も参加している。

　「患者」や「問題」「症状」への関心から抜け出して、「人」や「関係」に広がりをみせている。この活動を通して「自分は一人ではない」「どこかに苦しみをわかってくれる人がいてくれる」と感じるのである。人は関心と共感が与えられる所で成長し、しかも相手から強く干渉されない距離で援助を求められるのである。

5．ネット相談の進め方

　最初にどんな内容やどんな人を対象にしているのかという通知が必要

である。ある機関では相談員について臨床心理士や弁護士といったような経歴や肩書を知らせているし、サンプルとして、やりとりを紹介しているところもある。また、返信文が届けられるまでの所要時間の目安についても知らせておく必要がある。相談しようとする人にとって、一応の心構えができる。医師に相談することと、教師に相談することとは構えも期待も異なる。

　次に対応の基本的スタンスについて通知する。専門的知識を欲しい人にはそれなりの人が対応することや、返信で回答できない問題にはどのように対処するのかについて予め知らせる。回数や文字数に制限があるのかなども知らせておく。つまりカウンセリングとして継続して行おうとするのか、危機介入として単発で対応しようとするのかでは、返信の性格が異なるのである。

　ではごく簡単にメールを利用したネット相談のプロセスに触れておこう。詳しくは類書を参考にして欲しい。

６．ネット相談のステップ
〈あいさつ〉

　「ようこそ、初めまして」「メールありがとうございます」などの挨拶から始める。相談者は「自分を受け入れてくれた」ことに「親しみ」を感じる。いわゆる「カウンセリング」でいうところの「ラポール（信頼関係）」形成の最初の段階である。相手の表現しているニュアンスと合わせることは大事である。「杓子定規」な文面なのか、「くだけた」様子なのか、「絶望している」のかを判断する。そしてこれが「ジョイニング」に貢献するのである。ジョイニングとは、対話への導入や交流を始めることを指すが、参加を促すという意味もある。

〈ジョイニング〉

　相手のニュアンスに合わせることから始める。同じ言葉を使う、文脈

を整理する、ねぎらう、といった視点は大切である。また好意を伝える、支持する言葉をどこかに挿入する。この段階で急いで励ましたり、提案したりすることは差し控える。

〈見立て〉

　最初のメールだけで早々に診断することは慎むべきだが、特にネット相談のような限られた情報しかない中での判断には落とし穴があるものである。「この怒りはどこからきているのか」「何にとても困っているのか」「どうしたい、どうなりたいのか」などは、ある程度援助の方向を把握するためにも必要である。この見立てによって確認や質問がなされることになる。この時に「どうして〜しないのですか」「〜するしかないと思いますよ」などと「強制」と受け取られる可能性が高かったり、侵襲性が高かったりする意見は、相手を困らせることになるため留意する。

　提案の前に、相手がこれまで試みた取り組みを励ますことから関わりを始める。

〈助言と提案〉

　すでにこれまでに相手が試行してきたことをサポートするとともに、「今よりも少しだけ挑戦するとすれば」「すでにお考えのことと思いますが」と前提をつけて提案したり助言したりすると、受け入れやすくなる。こちらからの提案を強制することはできないので、「もしも〜をしようとしてもうまくいかない時は」とトーンを下げた表現を試みる。

　ともかく「ネット相談」では、一時しのぎとしての力しか持ち得ないと覚悟しておくこと。提案よりも、もう一度ここに相談してみようと思う気持ちが持てるように、穏やかに控えめに進めることは大切である。一番大切なのは、相手の人が相談員から共感して貰えていると感じられることである。

〈オープンエンド〉

　メールの末尾は、いたわりと励ましで終える。メールでの相談は断片的で全体像がつかみにくいので、継続してメールでのやりとりを提案することは大切である。いきなり電話相談に切り替えることや面接に切り替える提案は、相手をひるませるものである。文字数の制限を持っている場合には、継続することを優先させること。「いつでも待っています」「あなたを心配しています」「よろしければ、またメールをください」とオープンエンドを心がける。

　医療など専門的な相談サイトを開設しているのであれば、具体的な働きかけのために必要な情報を提供してもらう必要がある。それでも「問題」「課題」にばかり目を向けていくと、「ちっとも気持ちがわかってもらえない」「わかっちゃいるけどそんなことできない」と反発が出てくる。ネット相談の場合でも、どこまでも「共感的」にその人の気持ちを理解しようという姿勢こそ求められているのである。

　近年、アメリカでは大統領が自らツイッターを多用する時代である。メールに続き SNS が情報の伝達手段としてどこまで広がるのか関心が向けられている。

Column

匿名性・匿名制

　匿名性と匿名制は意味が異なっている。「匿名性」とは顔やその人の特定性が隠されていることを指しているが、「匿名制」は「どこの誰かを名のらないでもよい」ということを前提にした仕組みを指している。電話は声による通信手段であり、お互いに顔を知られない。電話相談が始められた当初、「みず知らずの人」にどれほどの人が相談するのかと疑問視されていたが、蓋をあけてみると相談の電話は後を絶たない。

　「身近な人には心配かけたくない」「親には知られたくない」という人は多い。老人施設から消灯前に「今日も１日、誰とも話をしなかったから、やっと人と話せた」と語る高齢者がいる。精神の疾患を持っている人は、「普通の人と話したかった」と語る。精神疾患の人たちは専門家からは「患者さん」として扱われ、社会からは「怖くて、厄介な人」として遠ざけられている人たちである。電話相談では顔を知られないという安心と、移動しないで相談できるという便利さを知っている。「エイズ」の人も自分がどこの誰であるか知られない安心から電話してくる。車いす生活者、介護などで心理的に拘束されている人々には外の社会との貴重な窓口であ

る。家族や親族の前では弱音を吐くことができないけれど電話では吐くことができる。電話相談は多くの社会から疎外された人々を支えている。

　人は一度の相談だけで今抱えている問題が解決するとは考えていないけれど、できたら一度で解決策を得たいと願うものでもある。「特別の知恵」もしくは「魔法の技」を求めている。面接のカウンセリングでは１カ月、半年、場合によっては１年も３年もの面接の時間を要することは当然のこととして受け止められているが、電話では短兵急に解決を求めてくる。「匿名制」は継続支援の壁となる。継続するためには相手を特定し、日時や場所を確保しなければならない。継続の面接には、多くの約束事が含まれている。電話相談でもある程度その壁を乗り越える知恵が生まれている。「受付番号」「個人番号」などの個人ごとに番号を付与する仕組みがある。もう一つは事前に費用を支払うような仕組みである。ＥＡＰ（被雇用者支援を行う活動）などでは、会員会社を通知してもらうこともある。いずれにせよ、電話相談において同じコーラーと同じカウンセラーとが継続する仕組みを維持するのは困難である。

　今後ビデオ通話やテレビ電話の利用が広がることにより、どのように対話そのものが変化するのか見守る必要がある。その時には「匿名」の意義や意味が改めて問われることになる。それでも、基本はこの一回の電話でコーラーの〈感情を聴く力〉であることは確かである。

第10章 緊急事態と電話相談
－災害時における心のケア

1．はじめに

　大規模災害が発生すると、精神的に大きなダメージを受け、それを放置しておくとやがてPTSD（心的外傷後ストレス障害）と呼ばれる重篤な症状形成に陥る人が、約10％程度出現するとされている。アメリカなどの研究によれば、PTSDというのは、脳機能の一部に明確なダメージがもたらされたものであると指摘されている。すべてをその説で理解するには疑問もあるのだが…。災害に遭遇した人の多くがその直後に直面するとされるものは、急性期ストレス障害と呼ばれている。急性期ストレス障害が、時間の経過とともに次第に軽減していくのに比べ、PTSD化したものについては、薬物治療ならびに心理療法的関わりをしないと回復は難しいとされている。

　私の経験するところによれば、急性期のストレス状態に対する反応は大きく三段階に分かれて推移していく。

　第一段階は危機場面に遭遇した直後にみられやすい、気分の昂揚状態である。自らの安全を確認するとともに、周囲の救出活動などに懸命に対処する。過活動になりやすくその分さらにストレスが高まる。しかしその状態はそんなに長くは続かない。

　第二段階として数日後に気分の反転化が起こり、急激な落ち込みと不安・苦悶の状態が襲ってくる。周囲に対して攻撃的にもなりやすく、情緒的に不安定になりやすい。身体的症状も伴いやすく心身症的訴えが少しずつ増えていく。その多くは失禁状態が起こりやすい。そうした状態が数カ月続くが、八割方の人は時間の経過とともに次第に収まっていく。

第三段階が次にやってくる。半年以上にわたり不安定な状態が続き、むしろ深刻化するようになると、いわゆるPTSDになると考えられる。ともすると被災者はすべてPTSDになるのだから、すぐにカウンセリングのようなことをしなければいけないというように考える人たちがいるが、そうではない。

　PTSDの主症状は「再現」「回避」「過覚醒」であるとされる。それは長期化すると社会復帰することがなかなか難しくなる。いかにしてPTSD化しないように防止策を講じるかが大きな課題となる。予防精神医学的な観点からの心のケアが求められている。

　日本では阪神・淡路大震災（1995年）の時、心のケアが必要であるとの認識が高まり、私が所属する日本精神衛生学会では通話料無料による被災者からの電話相談を行い、大きな反響を呼んだ。その後の新潟県中越地震（2004年）などの自然災害が起こった場合にも、電話による被災者支援というのがかなり広く行われるようになってきた。

　ただ日本精神衛生学会の行う電話相談は次のようにその目的を定めている。それは、災害に直面した現地というのは正確な情報を手に入れることは難しい。また、精神的な不安も高まっているがそのケアをする機関や専門家たちも稼働できないでいる。そのため、できるだけ災害に直面した地域とは離れた場所から、できるだけ速やかに電話による相談を受け、正確な情報を伝えるとともに直面している問題に対してアドバイスしたり、心のケアをすることである、としている。それは混乱状態から、時として誤解が生まれやすく、そのことによりデマが拡散し、関東大震災の際に起きたとされるさまざまな悲劇を起こさない予防精神衛生としての役割を担うということを目的として電話相談が始められたからである。したがってそれはいわゆるモーニング・ワークのようなことを行うのではないと位置づけられた。モーニング・ワークはある程度状況が収まり、現地での心のケア体制が整い始めてからでよい、という認識

から始められた電話相談であった。

　東日本大震災の被災者に対しても「心のケア」の必要性は、震災発生直後から指摘されていたが、初期段階におけるそれは、必ずしも共通する認識のもとに行われたものではなかったと思わる。PTSDという言葉が先行し、ともかくグリーフ・ケアとかモーニング・ケアというものをすることが大事だといわれた。しかし、初期の時点で取り組まなければならないのは、多くの人が陥っている困難生活状況の改善と、心的状態の緩和に努めることがまず求められているのだと思われる。東日本大震災の場合は津波による被災者が多く生まれ、加えて原発事故により多くの人々が避難を余儀なくされ、その避難場所は全国に拡大し、避難期間もかなり長期化するという私たちがこれまで経験したことのない惨事に直面させられた。災害に直面した初期段階というのは、まだ哀しみや喪失感に打ちひしがれている余裕もないというのが、被災者の方の状態である。困難生活状況の改善とは、生きるための必要条件である「衣・食・住」を確保するとともにその快適さをどのようにして講じるかを工夫することに他ならない。そのことがまず大切な心のケアであることを忘れてはなるまい。心のケアをすることは、カウンセリング的なことをすることだと思い込み、それにより当事者の「怒り」の気持ちを呼び起こすこともかえって起きやすい。各地の避難所にカウンセリングお断りという掲示が張り出されているのを私も目にした。それは電話相談にしても同じである。

２．心のケアとは何をすることか

　急性期における心的状態の改善とは「不安の軽減」「不満の解消」「孤立感の解消」「自尊心の確保」をどのようにして講じるかということである。

　このいずれも、災害に直面したことによりさいなまれていく心の状態

であり、それが蓄積しかつ長期化することにより、心のひずみが次第に拡大していく。この「不安」「不満」「孤立感」「自尊心」というのはあらゆる心のひずみを拡大させるきっかけとして重要なものであり、電話で話を聴く際も、この人のこだわっているのは何であるのか、「不安」なのか「孤独感」なのかということを明確化することが大切であろう。「いじめ」の対応としても「虐待」の対応においてもまったく同じである。「いじめ」を苦にしている子どもたちは実はいじめの内容に困っていることよりも自らの自尊心が崩されていくことに怒りを感じていることが多い。これはただうんうんと相手のいうことを聴いているだけではだめである。そこを浮き上がらせるような聴き方のトレーニングをする必要がある。これは単なる傾聴訓練とは違う。多少専門性が求められてくるものである。残念ながら今電話相談員を養成している機関でそれを行っている所は、私の知るところではほとんどない。

3．支援活動に関わる被災者たちと電話相談

　被災地では、被災者であると同時に地域復旧の担い手としての職業人である人たちがたくさんいる。過疎化し若い人たちが都市へと流出していく環境で、地場産業を担い、必死になってそれを守ろうとしてきた人がほとんどである。そうした人たちは通常地元の消防団員として活動している人が多い。消防団員というのは公務員として位置づけられている消防署の職員とは異なり、半ばボランティアとして消防職員を補佐する任務を課せられている。しかし、対応する事例の困難さや危険度というのは、消防署職員たちとほとんど変わりない。この人たちはどんなにつらくともなかなか自分の心的状態を周囲にあらわにはしない。むしろ周囲の人たちから弱い人間だとみられることを恐れている。災害直後の混乱状態の中で、電話によるホットラインが多く開設されると、実はこうした人たちからの相談も少なくなかった。実際のところ被災者の苦しい

胸の内が語られるようになるのは、一カ月程度過ぎたあたりからであり、それ以前に語られる内容の多くは直面している事態をどう切り抜けていくかということである。被災者支援という立場にある人たちが自らも被災者でありながら活動している状態においては、それは一層心の大半を占めている。繰り返しになるが被災状況のつらさや悲しみよりも、漠然とつきまとう心的状態を持てあましていると思われるものがほとんどである。

また、阪神・淡路大震災の際はこちらから水を向けなくても、自分たちの苦しい状況や胸の内をさらけ出してくれる人が多くいたが、東日本大震災の被災者の多くは、「皆同じだから、自分だけが愚痴をいいたくはない」「仕方がないよね」とつぶやくように口にする人がほとんどであった。これは何を意味するのかというと、関西と東北の地域文化と心のありようが違うということになる。都市型社会になじんでいる多くの人は皆、同じような行動様式や考え方をしていると思いがちであるがそれは違う。心のケアをしていく上で忘れてはならず、重視しなければならないことである。これまで用いられてきた心のケアのマニュアルというのは、どちらかというと近代社会における都市型文化になじんできた人間を対象として考案されたものであり、そうした対象者においては確かに一定の効果をもたらすものであったと考えられる。極めて抑制的な文化のもとで生活し、人間関係を大切にする意識の強い人たちに対しては、はたしてどの程度の効果があったのかを今後検証してみる必要があると思っている。

私は阪神・淡路大震災から新潟地震を経て東日本大震災・熊本地震と続いた大規模震災のほとんどに関与してきたが、地域によりメンタルケアの仕方を変えていかないとあまり役には立たないということをひしひしと感じた。たとえば東北の太平洋沿岸部というのは昔から漁船などが遭難すると地域にある「結」と呼ぶ援助組織が機能することで遺族たちの

生活や精神的な苦悩を支えてきた。ところが東日本大震災では津波により地域社会が壊滅状態になった所も少なくない。そこで助かった人たちに「結」に相当することができたかというと難しい。他の地域、とりわけ都市部から来た支援者にどれだけ心を開いてくれたかというと疑問が残る。「結」の復活まではいかないとしても、隣接する地域の人々が寄り添えるような避難場所や仮設住宅を用意し、その地域についてある程度明るい人間を支援（電話相談を含む）の中心に置き、その人に支援の仕方を助言するようにすべきであろう。

　家族や知人を津波により失い、孤立感を募らせる人たちの心の中にはどこか諦めにも似た感情がつきまとっているようにも感じてならない。日本という自然の脅威に直面させられることの多い社会では、多かれ少なかれそうした気持ちが強く表れやすいと考えられる。

　それはまた、周囲に信頼をおける人間関係が長く存在している社会は、急性期のストレス状態に見舞われたとしても、時間の経過とともに回復していく可能性のほうが、ＰＴＳＤ化するよりもはるかに高いと思われることを示唆している。抑制や抑圧がＰＴＳＤ化を作るとうアメリカ型の考え方がはたしてそうなのかどうかも検討してみることが必要なのかもしれない。

　おそらく、同じような場面に遭遇したとしても、アメリカ型社会におけるＰＴＳＤの発症率よりも日本の場合は低いと考えられる。ただ、文化の相違にかかわらず、ある背景要因のもとに形成される心的状態についての共通性を指摘しておくことは必要であろう。

　ところで東日本大震災における原発事故では、これまでの自然災害ばかりではなく人為的災害が加わり、事態の終息を難しくさせていた。そこには心のケアに対しても自然災害によるものとは違うものが求められているように思われる。人為的災害や大事故に遭遇したことによるにせよあるいは犯罪行為によるものにせよ、そうした被害に直面した人の心

に生じるのはまず「怒り」であり、時間の経過とともにそれは「憎しみ」や「恨み」へと変化していきやすい。それは時間の経過とともに和らいでいくようなものではない。その辺をしっかりと認識し、どのような心のケアが必要とされるかを考えてみることが大切であろう。

４．感染症に伴う心のケア

　2019 年に発症が確認され、2020 年の初頭から世界中に蔓延した新型コロナウイルス感染症は新たな課題をもたらしている。感染症というのはそれに罹患した人だけではなく、多くの人々に不安をもたらしやすい。加えて今回のように三密を避けるということから、ステイホームが奨励されていると、次第に不満も募りやすくなる。家族というとみな仲がよいかというとそうではない。ただでさえ普段からＤＶや虐待が生まれやすい家族というのは少なくない。今回のように家にとどまるという状態からは、そうした事案が起こりやすくもなっている。

　反対に、最近増えている独り暮らしの人たちは周囲との交流が途切れやすく、そこにさまざまな問題が露呈してくる。高齢者や障がい者の場合は生死に関わる問題さえ起こりやすい。いわゆる災害などの被災者に対する心のケア以上に電話での相談が重要な役割を持ってくる。この場合は相手からかかってくる電話を待つというよりは、むしろ公的機関などが積極的に電話をかける体制を普段から構築しておくことが求められているだろう。報道によると今回の対策の一つとして各自治体では電話相談を開設した所が少なくないとのことである。

　民間の相談機関が感染予防のため、活動の自粛を余儀なくされており、公的機関がそれを補う形で稼働することは決して悪いことではない。ただ公的機関で行われている電話相談というのは所管している部門の職員が対応することも少なくない。民間の相談機関ならば電話での相談の難しさや余分に助言や指導をしないのだが、公的機関の人はどうしても指

導することから事にあたりやすい。そのことをしっかりと認識しておく
ことが必要であろう。

参 考 資 料

日本いのちの電話連盟
加盟センター一覧

日本いのちの電話での受信状況などは、
「日本いのちの電話連盟」のホームページにて閲覧が可能。

一般社団法人　日本いのちの電話連盟
https://www.inochinodenwa.org/

日本いのちの電話連盟　加盟センター一覧

センター名	相談番号	センター名	相談番号
旭川いのちの電話	0166-23-4343	浜松いのちの電話	053-473-6222
北海道いのちの電話	011-231-4343	名古屋いのちの電話	052-931-4343
あおもりいのちの電話	0172-33-7830	三重いのちの電話	059-221-2525
盛岡いのちの電話	019-654-7575	滋賀いのちの電話	077-553-7387
仙台いのちの電話	022-718-4343	京都いのちの電話	075-864-4343
秋田いのちの電話	018-865-4343	関西いのちの電話	06-6309-1121
山形いのちの電話	023-645-4343	神戸いのちの電話	078-371-4343
福島いのちの電話	024-536-4343	はりまいのちの電話	079-222-4343
茨城いのちの電話	029-855-1000	奈良いのちの電話	0742-35-1000
茨城いのちの電話・水戸	029-350-1000	和歌山いのちの電話	073-424-5000
栃木いのちの電話	028-643-7830	鳥取いのちの電話	0857-21-4343
足利いのちの電話	0284-44-0783	島根いのちの電話	0852-26-7575
群馬いのちの電話	027-221-0783	岡山いのちの電話	086-245-4343
埼玉いのちの電話	048-645-4343	広島いのちの電話	082-221-4343
千葉いのちの電話	043 227 3900	山口いのちの電話	0836-22-4343
東京いのちの電話	03-3264-4343	香川いのちの電話	087-833-7830
東京英語いのちの電話 (英語のみ)	03-5774-0992	愛媛いのちの電話	089-958-1111
東京多摩いのちの電話	042-327-4343	高知いのちの電話	088-824-6300
川崎いのちの電話	044-733-4343	北九州いのちの電話	093-653-4343
横浜いのちの電話 (日本語)	045-335-4343	福岡いのちの電話	092-741-4343
横浜いのちの電話 (スペイン語)	0120-66-2477	佐賀いのちの電話	0952-34-4343
横浜いのちの電話 (ポルトガル語)	0120-66-2488	長崎いのちの電話	095-842-4343
新潟いのちの電話	025-288-4343	熊本いのちの電話	096-353-4343
山梨いのちの電話	055-221-4343	大分いのちの電話	097-536-4343
長野いのちの電話	026-223-4343	宮崎いのちの電話	0570-783-556
松本いのちの電話	0263-29-1414	鹿児島いのちの電話	099-250-7000
岐阜いのちの電話	058-277-4343	沖縄いのちの電話	098-888-4343
静岡いのちの電話	054-272-4343	——	

あとがき

　旧著を送り出してから 20 年ほどが経過した。この間「電話相談」を
めぐる環境は随分と変わった。当時に比べて「専門職（医師、臨床心
理士、弁護士など）」による電話相談の取り組みは目覚ましく変化して
いる。電話相談に関する学会としては「日本電話相談学会」が 1988 年
に設立。今では「電話相談」が心の支援策の一つとして公的に認知さ
れるようになっている。度重なる震災時には、「臨床心理士」が被災地
支援、被災者支援として「電話相談」に取り組んでいる。

　このように「電話」による相談活動は着実に社会に広がっている。し
かし、時代は思いの他進んでおり、たとえば「パソコン通信」という言
葉も今では陳腐化している。近年ではインターネットを活用した「イン
ターネット相談」も登場しており、「ネット相談」に関する書籍も多数
出版されている。

　旧著の著者たちは、それぞれ「いのちの電話（東京・東京多摩）」に
参加していたため、どうしても「いのちの電話」の経験から離れていな
いという印象は否めない。

　これほど拡大しつつある「電話相談」にもかかわらず、ニーズがない
からなのか、相談活動そのものが優先されたからなのか、入門書も、専
門書もほとんど見当たらない。

　いずれにせよ、「電話相談」は問題山積みであることは確かである。
期間限定の「キャンペーン型」の電話相談がいくつもみられるようにな
り、「災害支援」「児童虐待」「犯罪被害者支援」「自殺企図者への危機介入」
など、すでに実践としての蓄積はある。しかしそれぞれの機関を横断し
て論議の場に供されることはほとんどないようだ。「電話相談員の養成」

「電話相談員のケア」の仕組みについてコンセンサスはいまだに存在しておらず、当然理論化は立ち遅れている。

　本来ならば、電話相談全体を俯瞰しつつ、実践の論理化をめざすべきだったのだが、電話相談のあまりに広い分野・領域を網羅することは手に負えそうにもなかった。

　旧著は電話相談の内容が中心であったが、本書では多少視野を広げて、日本における現在の電話相談の置かれている位置の模索を試みている。もとより電話相談にまつわる懸念や課題のすべてに応えることは本書の意図ではないのだが、多少なりとも現状に追いつきつつあるのではと思っている。読者諸兄の感想や批判をお聞かせいただきたい。

　　2020 年 12 月

　　　　　　　　　　　　　　　　　　　　　　　福山　清蔵

著者紹介

高塚　雄介（たかつかゆうすけ）　　　　第1〜2章、第4章、第8章、第10章担当。

中央大学文学部哲学科教育学専攻卒業。臨床心理士。中央大学学生相談室、早稲田大学総合教育相談センター心理専門相談員、常磐大学教授、明星大学教授・大学院人文学研究科長などを経て、現在明星大学名誉教授。一般社団法人メンタルヘルス・ビューロー理事長、公益財団法人日本精神衛生会理事、公益財団法人日本臨床心理士資格認定協会評議員、元日本精神衛生学会理事長
【主な著書など】
『学校メンタルヘルス実践事典』（日本図書センター・編著）、『電話相談活用のすすめ　こころの危機と向き合う』（遠見書房・編著）、『人間関係と心の健康』（金剛出版・編著）、『ひきこもる心理とじこもる理由』（学陽書房）　他

福山　清蔵（ふくやませいぞう）　　　　第3章、第6章、第9章、コラム担当。

立教大学文学研究科教育学専攻修士課程修了。東京都児童相談センター、日本女子大学児童研究所、立教大学コミュニティ福祉学部長を経て、現在立教大学名誉教授。日本電話相談学会の編集委員を務めるなど、電話相談との関わりは深い。「東京いのちの電話」で研修委員長。
【主な著書など】
『おかあさんはカウンセラー』（日本・精神技術研究所）、『カウンセリング学習のためのグループワーク』（日本・精神技術研究所）、『対人援助のグループワーク〈1〉〈2〉』（誠信書房・編著）、『電話による援助活動』（学事出版・日本いのちの連盟 編）他

佐藤　誠（さとうまこと）　　　　　　　第5章、第7章担当。

日本大学大学院文学研究科心理学専攻修士・博士課程修了。日本大学文理学部心理学科教授および他大学の講師を歴任するが、いずれも定年退職。元臨床心理士。「東京多摩いのちの電話」や各地の「いのちの電話」の相談員の研修にあずかる。現在は「愛誠こころとふくしの相談室」のカウンセラー・スーパーバイザー。地方の「チャイルド・ライン」にもかかわっている。
【主な著書など】
『心の危機をとらえる20講』（学陽書房・東京多摩いのちの電話 編）、『心の健康トゥデイ』（啓明出版・共著）、『子どものいじめ－対応と対策－』（双文社・共著）、『心理療法の領域と実践』（啓明出版）、『はじめてのカウンセリング〜キリスト教カウンセリング講座ブックレット2〜』（キリスト新聞社）、『よい相談相手になるために』（キリスト新聞社・共著）　他

電話相談の実際 改訂版

平成 11 年 5 月 6 日 初 版 発 行
令和 2 年 12 月 15 日 改訂版発行

著　　者	高塚雄介・福山清蔵・佐藤　誠
発行者	真鍋雅一
発　　行	株式会社　双文社
	〒 104-0061　東京都中央区銀座 1 － 15 － 6
	電　　話 03-3561-8391
	Ｆ Ａ Ｘ 03-3561-7481
印　　刷	株式会社サンエー印刷

ISBN 978-4-915477-28-7　Printed in Japan
（本体価格：カバーに表示してあります）